深圳住宅业主必备 33个 法律知识

齐炳雨◎著

深圳出版社

图书在版编目（CIP）数据

深圳住宅业主必备33个法律知识 / 齐炳雨著. -- 深圳 : 深圳出版社, 2023.9
ISBN 978-7-5507-3840-9

Ⅰ.①深… Ⅱ.①齐… Ⅲ.①物业管理—房地产法—基本知识—深圳 Ⅳ.①D927.653.238

中国国家版本馆CIP数据核字(2023)第101374号

深圳住宅业主必备33个法律知识

SHENZHEN ZHUZHAI YEZHU BIBEI 33 GE FALÜ ZHISHI

出 品 人　聂雄前
责任编辑　岑诗楠
责任校对　万妮霞
责任技编　梁立新
封面设计　花间鹿行

出版发行　深圳出版社
地　　址　深圳市彩田南路海天综合大厦（518033）
网　　址　www.htph.com.cn
订购电话　0755-83460239（邮购、团购）
设计制作　深圳市龙瀚文化传播有限公司 0755-33133493
印　　刷　深圳市华信图文印务有限公司
开　　本　787mm×1092mm　1/16
印　　张　18.25
字　　数　204千
版　　次　2023年9月第1版
印　　次　2023年9月第1次
定　　价　66.00元

序 言

作为律师,笔者常常有一种冲动:妄图解答客户所有的问题,比如交通肇事判几年,无证经营罚多少钱,朋友欠钱不还怎么办;从关乎生命自由的刑事案件,到不服行政机关处罚的行政复议和行政诉讼,再到日常生活的借贷、婚姻、劳动不一而足。但笔者深知再简单的一个案件对当事人来讲都是头等大事,而无论律师"万金油"的时代是否已经过去,专注特定领域、走专业化路线仍是律师值得尝试的选择。

2015 年,深圳房价一马当先领涨全国。面对高企的房价方知成家立业之难,方知中国人掏空六个腰包也要"上车"的执念,方知不少业主背后的辛酸和不易。因此在笔者执业过程中,便注重加强自身有关房地产法律知识的学习和历练。同时,房地产市场是一个地方市场,不同地方有各自的物业管理条例,不存在一个放之四海而皆准的标准,也没有一个足够全面的、普遍适用全国业主的法律体系。因此本书聚焦笔者执业所在地——深圳,主要讨论深圳业主应当具备的法律知识。

本书除了结合适用全国的法律法规、司法解释,如《民法典》《物业管理条例》《建筑物区分所有权纠纷解释》《物业服务纠纷解释》《物业收费办法》《规范电动车停放充电的通告》等规定外,更注重对深圳地方性法规、规章、裁判指引等的解读，如《深圳物业条例》《深圳物业收费规定》《深圳房地产转让条例》《深圳市养犬管理条例》《深圳中院房屋买卖纠纷裁判指引》等。选取的案例除了最高人民法院的指导案例、公报案例外也以深圳本地案例为主，让读者了解发生在身边的事情，清楚深圳法院对相关问题的态度。

另外，作为普法类书籍，一问一答的行文方式应当是最好的选择，但问题的答案不应仅限于法条，除了因为法条的可理解性较差外，更因为我们的读者已经不仅仅满足于简单地知其然而不知其所以然，说理必不可少。因此本书除采用问答的体例外，同时辅之以适当的理论探讨并选取典型案例供读者参考。

本书创作体例及行文思路上参照中华全国律师协会 2013 年 6 月 1 日发布的《中华全国律师协会律师办理建筑物区分所有权法律业务操作指引》，从业主的概念展开，以业主享有的建筑物区分所有权为核心，重点论述业主建筑物区分所有权中的三项权利，即（1）业主对建筑物专有部分的所有权；（2）业主对建筑物共有部分的共有权；（3）业主对建筑物共有部分的共同管理权即成员权。因为笔者深知法律概念是一切法律知识、法律思考和法律工作的基石，而权利是一切民事法律纠纷的核心问题。

例如《民法典》第 271 条规定：业主对建筑物内的住宅、经营性用房等专有部分享有所有权，对专有部分以外的共有部分享有共有和共同管理的权利。这是业主建筑物区分所有权的核心条款，也是业主知情权、监督权、投票权等其他权利的逻辑起点。而如果要充分理解本条的含义，我们至少应当知道什么是业主，谁才是业主，什么是专有部分和共有部分，也即业主、专有部分、共有部分的概念是什么。也只有知道了上述内容我们才可能会理解：（1）为什么房屋对应的外墙不属于业主单独所有却可以为业主单独排他使用，如可挂空调外机，但又不能滥用，如悬挂广告；（2）为什么开发商一般情况下不可以把屋顶平台单独送给顶层业主；（3）为什么业主吐槽物业公司时有可能侵犯物业公司名誉权；（4）为什么车位、车库的问题如此复杂；等等。

我们甚至可以说，不是法律概念重要而是概念本身就很重要，因为概念反映的是事物一般的、本质的特征。只有掌握了概念才能抓住事物的本质。同时，概念不仅存在于法律之中，而且广泛存在于整个社会之中。比如三年的新冠肺炎疫情，什么是"密接""次密接"，什么是"时空伴随者"，什么又是"高风险地区""中风险地区""低风险地区"，而对上述概念的定义无疑会对我们产生重大影响，因为"密接""次密接""时空伴随者"的隔离措施是不一样的，我们所在的地区属于哪个风险等级区域，相应的防控措施也是不一样的。

关于权利，业主只有深刻领会并且牢牢把握作为业主所享有的权利这一核心关键，在面对开发商、物业、业主委员会、邻居等侵犯自己合法权益的时候，才可能合法有据地进行维权。虽然理论是灰色的，生活丰富多彩，问题也层出不穷，但笔者仍相信业主在现实中遇到的各种问题都可以在法律的基本理论、基本原则、具体规定甚至是社会习惯中找到答案。

笔者认为，作为专业的法律工作者，不应当仅仅局限于为读者解答日常生活中出现的问题，而是应当让读者领会作为权利主体拥有什么权利，可以解决什么问题。普法也可以授之以渔。

本书也会结合相关案例以更加清晰具体地阐述相关理念及观点，过往的案例也一定能给我们带来很多的经验和启发，也是笔者汲取营养的重要部分。

关于本书结构方面，导论主要解释业主的概念和业主的权利，是本书的铺垫部分。前两章为业主权利的专有权和共有权部分，对于多数业主所关心的跟业主大会、业主委员会、物业相关的问题将全部放在第三章即业主对共有部分的管理权也即成员权中。上述内容均为业主权利的内容，最后笔者将上述三部分无法包含但确与业主息息相关的内容如邻里关系、房屋买卖、养宠物犬等内容作为第四章。鉴于小产权房、回迁房等非商品房纠纷并非笔者所长，所以本书所讨论住宅主要以商品房住宅为主。

深圳注册律师已超两万名，诚然，笔者并非该领域资深律师，但愿意做这样一种尝试——写一本供深圳业主参考的法律知识书，不苛求理论和实践性有多强，但求能够给读者带来一些启发和零星的思考。如能解决日常遇到的问题，将甚是欣慰。

本书主要涉及的建筑物区分所有权属于民法物权的一部分，民法理论博大精深，鉴于时间及笔者水平有限，书中谬误及不足之处在所难免，望读者、同行及相关专业人士不吝赐教、批评指正。

最后，能够更好地解决业主、物业、开发商之间的矛盾，构建良性的互动关系，维护各方的合法利益，共同建设美好和谐家园是本书出版的最大价值。

齐炳雨

2023 年 1 月 1 日

缩略语表

全称	缩略语
中华人民共和国宪法	宪法
中华人民共和国行政处罚法	行政处罚法
中华人民共和国民法通则	民法通则
中华人民共和国民法典	民法典
中华人民共和国物权法	物权法
中华人民共和国合同法	合同法
中华人民共和国侵权责任法	侵权责任法
中华人民共和国劳动法	劳动法
中华人民共和国价格法	价格法
中华人民共和国契税法	契税法
中华人民共和国人民防空法	人民防空法
中华人民共和国消费者权益保护法	消费者权益保护法
中华人民共和国电子商务法	电子商务法
中华人民共和国公司法	公司法
中华人民共和国慈善法	慈善法
中华人民共和国人民法院组织法	人民法院组织法
中华人民共和国人民检察院组织法	人民检察院组织法
中华人民共和国民事诉讼法	民事诉讼法

续表

全称	缩略语
住宅室内装饰装修管理办法	住宅装修办法
社会团体登记管理条例	社团登记条例
城市异产毗连房屋管理规定	城市房屋规定
深圳经济特区物业管理条例	深圳物业条例
《深圳经济特区物业管理条例》实施若干规定	深圳物业条例若干规定
深圳经济特区住宅区物业管理条例	深圳住宅物业条例
广州市物业管理条例	广州物业条例
物业服务收费管理办法	物业收费办法
深圳市物业管理服务收费管理规定	深圳物业收费规定
深圳经济特区房地产转让条例	深圳房地产转让条例
深圳市业主大会和业主委员会指导规则	深圳业委会指导规则
深圳市业主大会和业主委员会备案管理办法	深圳业委会备案办法
深圳市业主共有资金监督管理办法	深圳业主共有资金办法
最高人民法院关于审理民事案件适用诉讼时效制度若干问题的规定	诉讼时效规定
最高人民法院关于审理物业服务纠纷案件具体应用法律若干问题的解释	物业纠纷解释
最高人民法院关于审理建筑物区分所有权纠纷案件适用法律若干问题的解释	建筑物区分所有权纠纷解释
最高人民法院关于依法妥善审理高空抛物、坠物案件的意见	审理高空抛物、坠物的意见
最高人民法院关于民事诉讼证据的若干规定	民事诉讼证据规定

续表

全称	缩略语
最高人民法院关于人民法院办理执行异议和复议案件若干问题的规定	执行异议规定
广东省高级人民法院关于审理住宅物业服务纠纷案件若干问题的指导意见	广东高院物业纠纷指导意见
广东省高级人民法院关于审查处理执行裁决类纠纷案件若干重点问题的解答	执行裁决纠纷解答
深圳市中级人民法院关于房屋买卖合同纠纷案件的裁判指引	深圳中院房屋买卖纠纷裁判指引
国务院办公厅关于加快电动汽车充电基础设施建设的指导意见	加快充电设施建设的意见
关于加快居民区电动汽车充电基础设施建设的通知	加快居民区充电基础设施建设的通知
关于规范电动车停放充电加强火灾防范的通告	规范电动车停放充电的通告

目 录

导 论

第一章 专有权

第二章　共有权

第三章　成员权

第四章　其　他

导论

- 必备法律知识1：谁是业主？——论认定业主身份的重要性
- 必备法律知识2：业主有什么权利？

必备法律知识 ①

谁是业主？
——论认定业主身份的重要性

《民法典》物权编第 6 章章节名称是"业主的建筑物区分所有权"，因此想要理解作为业主都享有哪些权利，首先要了解什么是业主，谁才是业主。

我国《民法典》虽然多处提到业主，但并未对业主作出明确定义。目前对业主作出明确定义的是《物业管理条例》第 6 条第 1 款：房屋的所有权人为业主。上述定义简化下即是：A 为 B。

第一个问题：如何定义 A 即房屋的所有权人。由于我国采取物权法定原则，同时《民法典》第 216 条第 1 款规定：不动产登记簿是物权归属和内容的根据。因此，原则上只有不动产登记簿上所载的人才能认定为房屋的所有权人。另外，根据《民法典》第 229—231 条规定，基于法院判决、政府征收、继承及合法建造等事实也可取得房屋所有权，成为房屋的所有权人。因此，不动产登记簿登记的人、法院判决的权利、政府征收的征收对象、继承人、合法建造人等均可以成为房屋所有权人。

第二个问题：A 为 B 的"为"是什么意思，也即房屋所有权人和业主是什么关系？再具体些，即业主和房屋的所有权人是等同关系还是归属关系？如果是等同关系则只有房屋的所有权人才是业主，业主和房屋所有权人指代的范围一致；如果是归属关系则房屋所有权人属于业主的一部分，那么业主就是比房屋所有权人更大的概念，也即存在即便不是房屋所有权人也是业主的情况。

我们设想两种情况：（1）房屋的所有权人过世，尚未变更登记至其继承人名下，此时小区要召开业主大会或者要交物业费了，试问房屋所有权人的继承人是否有权参加业主大会、是否有义务缴纳物业费；（2）新买的房子，已经交房了但是不动产权证，也就是我们常说的房产证还没下来，是否有权行使业主权利如占有使用房屋、参加业主大会，是否有义务履行业主义务比如缴纳物业费。

第一种情况其实是继承人继承房屋所有权应当认定为房屋所有权人的情形，是当然的业主。第二种情况则属于尚未取得所有权的情形，即尚未取得所有权能否认定为业主的问题。

根据我国《建筑物区分所有权纠纷解释》第 1 条及《民法典》第 229—231 条的规定，因人民法院、仲裁机构的法律文书或者人民政府的征收决定、继承、合法建造、拆除房屋等事实行为取得房屋所有权的人应当认定为业主；基于与开发商的买卖行为已经占有房屋但未办理房产证的，可以认定为业主。

因此第二种情况虽然不是房屋所有权人但依然可以认定为业主。之所以作出上述规定，主要是基于我国房产登记的实际情况，一般新房交易中，自交房到办证会有一定时间差，不能因为没有办理房产证就不允许购房者行使业主权利。

第三个问题：《建筑物区分所有权纠纷解释》第1条并没有涉及二手房买卖，因此在司法解释层面，已经交房但尚未办理过户登记的二手房买家没有能够认定其为业主的法律依据。但根据最高人民法院民事审判第一庭的观点，对于二手房买卖已经转移占有的情形，参照关于新房买卖的规定精神，可以认定买受人为业主。如买卖双方对认定业主身份发生争议，应当认定房屋所有权人为业主。① 因此未办理房屋过户但已经交房的二手房买家也可以认定为业主，行使业主权利。

说明：为方便论述，本书案例对法院采用简称。以"最高院"代替中华人民共和国最高人民法院，"最高检"代替中华人民共和国最高人民检察院，以"省级行政单位＋高院"代替某地高级人民法院，如"广东高院"代替广东省高级人民法院，"广东高检"代替广东省高级人民检察院，以"市级行政单位＋中院"代替某地中级人民法院，如"深圳中院"代替深圳市中级人民法院，"广州中院"代替广州市中级人民法院，以"县级行政单位＋法院"代替某地县/区法院，如"福田法院"代替深圳市福田区人民法院。同时为表明审理层级顺序，也会用到一审法院、二审法院的表述。

【案例】（2012）深福法民三初字第1206号案

高某与深圳某物业公司财产损害赔偿纠纷中，高某购买某大厦部分房产，已签订《资产变卖协议书》，在尚未办理产权证的

① 最高人民法院民事审判庭第一庭.最高人民法院建筑物区分所有权、物业服务司法解释理解与适用[M].北京:人民法院出版社,2009:35.

情况下，高某以业主身份办理入伙手续，物业公司以高某未提交有效的所有权文书为由拒绝高某以业主身份入伙。因此高某向福田法院起诉，要求物业公司赔偿租金损失。

法院认为：（1）高某已通过二手房买卖的民事法律行为取得讼争房屋的占有、使用和收益等相关权益；（2）《建筑物区分所有权纠纷解释》中"基于与建设单位之间的商品房买卖民事法律行为，已经合法占有建筑物专有部分，但尚未依法办理所有权登记的人，可以认定为物权法第六章所称的业主"的规定，是在"依法取得专有部分所有权"大原则之下的一种特别处理。其出发点是考虑到登记实践中客观存在的种种特殊情况，其目的是更好地兼顾当事人的权利，以避免与社会公众的一般判断标准相悖，从而为业主生活共同体的稳定，乃至于业主自治的代表性和合理性奠定可操作的基础和前提。但在这种情况下，认定其具有业主身份并不等于承认其当然享有所有权。参照该条规定的精神，在二手房买卖的情形下，买受人购买专有部分后尚未办理所有权登记即转让该专有部分并向其相对人移转占有的，可以认定专有部分合法占有人为业主；（3）本案中，高某从案外人受让讼争房屋后，虽没有进行所有权转移登记，但在没有相反证据并足以反驳的情形下，可以认定原告为上述司法解释项下讼争房屋的业主。

最终法院判决，物业公司赔偿因阻挠高某入伙导致高某的租金损失人民币192万余元。

另外，《深圳物业条例》（2019）第14条参照上述案例中的司法解释精神，对购买新房、二手房未办理不动产权证认定业主时不再进行区分，并且无论买卖双方是否就业主身份发生争议均可认定买受人的业主身份，其规定如下：本条例所称业主，是指物业管理区域不动产权属证书或者不动产登记簿记载的房屋所有权人。除前款规定外，符合下列条件之一的，可以认定为业主：（一）尚未登记取得所有权，但基于买卖、赠与、拆迁补偿等旨在转移所有权的法律行为已经合法占有建筑物专有部分的单位或者个人；（二）因人民法院、仲裁机构的生效法律文书取得建筑物专有部分所有权的单位或者个人；（三）因继承或者受遗赠取得建筑物专有部分所有权的单位或者个人；（四）因合法建造取得建筑物专有部分所有权的单位或者个人；（五）其他符合法律、法规规定的单位或者个人。

因此，在深圳买卖二手房未办理房产证的情况下，在认定业主身份时至少有了法定依据，也省去了司法实践中的解释工作。

最后一个问题：关于认定业主身份的重要性。笔者认为认定业主身份是业主行使权利、维护权利的首要法律问题。

【案例一】（2019）粤03民终10746号案

深圳市某投资有限公司（以下简称投资公司）与深圳市福田区某大厦第一届业主委员会（以下简称大厦业委会）业主撤销权纠纷中，投资公司为大厦的开发商。大厦业主大会通过决议：解除与现有物业公司的物业服务合同等，投资公司以侵害业主权为由提起诉讼，要求撤销上述决议。

投资公司主张：（1）大厦的地下室（车库）、转换层（第五层）、大厦平台（一层公交车站）系投资公司作为开发商，通过合法建造取得的建筑物专有部分所有权；（2）大厦业委会未提前15天通知业主，剥夺了业主的表决权。

本案虽然表决程序有瑕疵，但最终二审法院认为，地下室（车库）、转换层（第五层）、大厦平台（一层公交车站）相对于住宅和经营性用房系小区配套设备和场地，投资公司没有证据证明其是案涉小区住宅和经营性用房的所有权人，不能认定其业主身份。投资公司无资格提起诉讼，一审不应进行实体审理，遂裁定撤销一审判决，驳回投资公司的起诉。

二审法院的裁定要旨是投资公司不是业主，根本就没有权利起诉。

【案例二】（2013）深中法房终字第 1048 号案

深圳市罗湖区某大厦业主委员会（以下简称业委会）与某公司业主撤销权纠纷中，同样由于业委会的相关决议存在程序错误，但基于某公司系该大厦的业主，不存在原告不适格的问题，因此二审法院最终维持了一审法院撤销业委会相关决议的判决。

因此，对比上述两个案例，我们可以清晰看到，业主身份的认定对行使业主权利的重要性，即认定业主身份是业主行使权利、维护权利的首要法律问题。这也是本书开篇即讨论业主身份认定问题的主要原因。

必备法律知识2

业主有什么权利？

本书内容以业主权利为核心，重点阐述业主所享有的权利。我国于2007年颁布《物权法》后才正式确立建筑物区分所有权制度，业主权利也主要规定在原《物权法》和《民法典》物权编业主的建筑物区分所有权一章中，另外，相关司法解释以及行政法规、地方性法规也有涉及。

《民法典》第271条规定：业主对建筑物内的住宅、经营性用房等专有部分享有所有权，对专有部分以外的共有部分享有共有和共同管理的权利。

本条是业主权利的纲领性、基础性规定，也是业主其他权利的逻辑起点。业主其他权利如房屋外墙的使用权、电梯广告的收益权、业主大会的投票权、对小区停车位收费情况的知情权等均源于本条规定。从上述条文，可以看出业主权利主要包括：（1）对住宅、经营性用房等专有部分的所有权，即专有权；（2）对专有部分以外的共有部分的共有权，即共有权；（3）对专有部分以外的共有部分的管理权，也即成员权。换一种说法，即对专有部分的专有权、对共有部分的共有权以及作为小区全体业主中一员的成员权。

笔者按照专有权、共有权、成员权分类简单列举如下：

一、专有权

1.《民法典》第272条规定：业主对其建筑物专有部分享有占有、使用、收益和处分的权利。业主行使权利不得危及建筑物的安全，不得损害其他业主的合法权益。

本条是业主专有权的四项权能或四种表现形式即占有权、使用权、收益权、处分权，以及行使专有权时的限制。

2.《民法典》第279条规定：业主不得违反法律、法规以及管理规约，将住宅改变为经营性用房。业主将住宅改变为经营性用房的，除遵守法律、法规以及管理规约外，应当经有利害关系的业主一致同意。

本条是对业主专有权的限制，即按照住宅用途使用，不得违法将住宅改为商用。

3.《建筑物区分所有权纠纷解释》第4条规定：业主基于对住宅、经营性用房等专有部分特定使用功能的合理需要，无偿利用屋顶以及与其专有部分相对应的外墙面等共有部分的，不应认定为侵权。但违反法律、法规、管理规约，损害他人合法权益的除外。

本条规定的是业主利用外墙等公共部分的权利，虽然利用的是公共部分，但笔者认为该规定系专有权的扩张，与其他共同部分如电梯的随机、轮流使用不同，该使用权是专门由业主单独使用的，如悬挂空调外机。当然关于本条规定的内容可以理解为，区别于共有部分常见的随机、轮流使用，系在共有部分上设定专用使用权，如某些小区在业主共有车位上实行固定挂牌制度。

二、共有权

1.《民法典》第273条规定：业主对建筑物专有部分以外的共有部分，享有权利，承担义务；不得以放弃权利为由不履行义务。业主转让建筑物内的住宅、经营性用房，其对共有部分享有的共有和共同管理的权利一并转让。

《建筑物区分所有权纠纷解释》第3条规定：除法律、行政法规规定的共有部分外，建筑区划内的以下部分，也应当认定为民法典第二编第六章所称的共有部分：（一）建筑物的基础、承重结构、外墙、屋顶等基本结构部分，通道、楼梯、大堂等公共通行部分，消防、公共照明等附属设施、设备，避难层、设备层或者设备间等结构部分；（二）其他不属于业主专有部分，也不属于市政公用部分或者其他权利人所有的场所及设施等。

建筑区划内的土地，依法由业主共同享有建设用地使用权，但属于业主专有的整栋建筑物的规划占地或者城镇公共道路、绿地占地除外。

上述两条是业主对共有部分享有的权利和承担的义务以及共有部分的范围的规定，其中需要注意的是：（1）转让住宅等专有部分，共有权和成员权需要一并转让，现实中经常发生的情况是，在共有车位实行挂牌管理或业主长租开发商车位的情况下，业主转让房屋时将共有车位或租赁车位继续保留或者转让给其他人使用；（2）房屋转让后即丧失业主身份，理论上已不具备担任业主委员会委员的基础，《深圳物业条例》第39条第1款第1项即规定：除任期届满外，业主委员会委员、候补委员有下列情形之一时，其职务自行终止，由业主委员会公示，并向业主大会报告：（一）不再是本物业管理区域的业主。

2.《民法典》第274条规定：建筑区划内的道路，属于业主共有，但是属于城镇公共道路的除外。建筑区划内的绿地，属于业主共有，但是属于城镇公共绿地或者明示属于个人的除外。建筑区划内的其他公共场所、公用设施和物业服务用房，属于业主共有。

《物业管理条例》第37条规定：物业管理用房的所有权依法属于业主。未经业主大会同意，物业服务企业不得改变物业管理用房的用途。

上述两条是关于建筑区划内道路、绿地、其他公共场所、公用设施、物业服务用房归业主共有的规定。

3.《民法典》第275条规定：建筑区划内，规划用于停放汽车的车位、车库的归属，由当事人通过出售、附赠或者出租等方式约定。

占用业主共有的道路或者其他场地用于停放汽车的车位，属于业主共有。

本条第1款是关于规划车位、车库由开发商与业主约定出售、附赠、出租的规定，笔者认为其暗含的前提是，规划车位、车库由开发商所有，由开发商与购房者约定车位、车库是由业主购买、开发商附赠还是开发商自持租赁给业主。

本条第2款是关于占用业主共有道路或其他场地的车位归业主共有的规定，因为道路或其他场所本身即为业主共有，用途的变更并不影响所有权的归属。

4.《民法典》第281条规定：建筑物及其附属设施的维修资

金，属于业主共有。经业主共同决定，可以用于电梯、屋顶、外墙、无障碍设施等共有部分的维修、更新和改造。建筑物及其附属设施的维修资金的筹集、使用情况应当定期公布。紧急情况下需要维修建筑物及其附属设施的，业主大会或者业主委员会可以依法申请使用建筑物及其附属设施的维修资金。

《物业管理条例》第53条第2款规定：专项维修资金属于业主所有，专项用于物业保修期满后物业共用部位、共用设施设备的维修和更新、改造，不得挪作他用。

上述条文是关于维修资金归业主共有以及维修资金用途及使用程序上的规定。

5.《民法典》第282条规定：建设单位、物业服务企业或者其他管理人等利用业主的共有部分产生的收入，在扣除合理成本之后，属于业主共有。

《物业管理条例》第54条规定：利用物业共用部位、共用设施设备进行经营的，应当在征得相关业主、业主大会、物业服务企业的同意后，按照规定办理有关手续。业主所得收益应当主要用于补充专项维修资金，也可以按照业主大会的决定使用。

上述条文是共有部分产生的收入归业主共有的规定，如我们常见的岗亭、电梯对外出租广告位产生的收益归业主共有。

6.《深圳物业条例》第70条规定：业主共有资金包括：（1）共有物业收益；（2）物业专项维修资金；（3）物业管理费；（4）业主依据管理规约或者业主大会决定分摊的费用；（5）其他合法收入。

未经业主大会决定或者授权，任何单位和个人不得使用业主共有资金。

业主共有资金监督管理办法由市住房和建设部门另行制定。

上述条文是对业主共有资金范围的规定，需要注意的是物业费系业主共有而不是物业公司所有。关于物业费的问题，笔者将在后续论物业费的性质一文中详细论述。

三、成员权

1.《民法典》第277条规定：业主可以设立业主大会，选举业主委员会。业主大会、业主委员会成立的具体条件和程序，依照法律、法规的规定。地方人民政府有关部门、居民委员会应当对设立业主大会和选举业主委员会给予指导和协助。

本条是对业主设立业主大会、选举业主委员会行使管理权的规定。

2.《民法典》第278条规定：下列事项由业主共同决定：（1）制定和修改业主大会议事规则；（2）制定和修改管理规约；（3）选举业主委员会或者更换业主委员会成员；（4）选聘和解聘物业服务企业或者其他管理人；（5）使用建筑物及其附属设施的维修资金；（6）筹集建筑物及其附属设施的维修资金；（7）改建、重建建筑物及其附属设施；（8）改变共有部分的用途或者利用共有部分从事经营活动；（9）有关共有和共同管理权利的其他重大事项。

《物业管理条例》第11条规定：下列事项由业主共同决定：（1）制定和修改业主大会议事规则；（2）制定和修改管理规约；（3）选举业主委员会或者更换业主委员会成员；（4）选聘和解聘物业服务企业；（5）筹集和使用专项维修资金；（6）改建、重建建筑物及其附属设施；（7）有关共有和共同管理权利的其他重大事项。

上述条文是对业主共同决定的事项，也即需要开业主大会表决的事项的规定，同样是业主行使管理权的规定。

3.《民法典》第284条规定：业主可以自行管理建筑物及其附属设施，也可以委托物业服务企业或者其他管理人管理。对建设单位聘请的物业服务企业或者其他管理人，业主有权依法更换。

本条是对业主对小区管理权的规定，建筑物及其附属设施既可以由业主自行管理，也可以委托物业公司管理。

4.《民法典》第285条规定：物业服务企业或者其他管理人根据业主的委托，依照本法第三编有关物业服务合同的规定管理建筑区划内的建筑物及其附属设施，接受业主的监督，并及时答复业主对物业服务情况提出的询问。物业服务企业或者其他管理人应当执行政府依法实施的应急处置措施和其他管理措施，积极配合开展相关工作。

本条是对业主知情权及监督权的规定，对于业主的疑问，物业公司有义务及时回复。

5.《建筑物区分所有权纠纷解释》第13条规定：业主请求公布、查阅下列应当向业主公开的情况和资料的，人民法院应予支持：（1）建筑物及其附属设施的维修资金的筹集、使用情况；（2）管理规约、业主大会议事规则，以及业主大会或者业主委员会的决定及会议记录；（3）物业服务合同、共有部分的使用和收益情况；（4）建筑区划内规划用于停放汽车的车位、车库的处分情况；（5）其他应当向业主公开的情况和资料。

本条是对业主知情权的细化，以及业主知情权具备可诉性的直接法律依据。

6.《物业管理条例》第6条规定：房屋的所有权人为业主。

业主在物业管理活动中，享有下列权利：（1）按照物业服务合同的约定，接受物业服务企业提供的服务；（2）提议召开业主大会会议，并就物业管理的有关事项提出建议；（3）提出制定和修改管理规约、业主大会议事规则的建议；（4）参加业主大会会议，行使投票权；（5）选举业主委员会成员，并享有被选举权；（6）监督业主委员会的工作；（7）监督物业服务企业履行物业服务合同；（8）对物业共用部位、共用设施设备和相关场地使用情况享有知情权和监督权；（9）监督物业共用部位、共用设施设备专项维修资金的管理和使用；（10）法律、法规规定的其他权利。

《深圳物业条例》第 15 条规定：业主依法享有下列权利：（1）参加业主大会会议，发表意见，行使投票权；（2）选举业主委员会、业主监事会或者监事，并依法依规享有被选举权；（3）监督业主委员会、业主监事会或者监事的工作和物业服务企业履行物业服务合同的情况；（4）对共有物业和业主共有资金使用管理的知情权和监督权；（5）就制订或者修改物业管理区域管理规约、业主大会议事规则、物业服务合同及其他物业管理事项提出意见和建议；（6）法律、法规规定的其他权利。

本条是对业主在物业管理活动中享有的权利的规定，涉及提议召开业主大会会议的权利、建议权、投票权、选举权与被选举权、知情权和监督权等。需要注意的是，业主只有提议召开业主大会会议的权利，而无权自行召开业主大会会议。

另外，笔者再来介绍一下救济权。无救济则无权利。因此，除了关于业主权利的规定外，业主的救济权也是业主应当了解的重点。

1.《民法典》第 280 条规定：业主大会或者业主委员会的决定，对业主具有法律约束力。业主大会或者业主委员会作出的决定侵害业主合法权益的，受侵害的业主可以请求人民法院予以撤销。

本条是业主大会及业主委员会决定的效力范围，以及业主可以请求撤销侵害其权益的业主大会、业主委员会作出的决定的规定。

2.《建筑物区分所有权纠纷解释》第12条规定：业主以业主大会或者业主委员会作出的决定侵害其合法权益或者违反了法律规定的程序为由，依据民法典第280条第2款的规定请求人民法院撤销该决定的，应当在知道或者应当知道业主大会或者业主委员会作出决定之日起一年内行使。

《民法典》第280条只是规定侵害业主权益的才可以起诉，业主大会程序性存在瑕疵是否属于侵害业主合法权益至少存在争议，而本条将业主撤销权的撤销范围扩张到业主大会和业主委员会的程序性瑕疵，表明业主大会、业主委员会会议程序违法也属于侵害业主权益的情形。

3.《民法典》第287条规定：业主对建设单位、物业服务企业或者其他管理人以及其他业主侵害自己合法权益的行为，有权请求其承担民事责任。

本条是指业主对于侵害自己合法权益的行为，有权要求侵权人承担责任的规定，系兜底性规定。

上述条文基本涵盖了业主的大部分权利，以供业主随时查阅。

专有权

必备法律知识③

什么是专有部分？

——论理解专有部分的意义

认定了业主概念、简单列举了业主权利后，本文将详细介绍业主第一项权利即业主对建筑物专有部分的专有权。《民法典》第271条也就是其第6章"业主的建筑物区分所有权"的第1个条文中规定：业主对建筑物内的住宅、经营性用房等专有部分享有所有权。

专有权是业主作为专有部分的所有权人对专有部分享有的占有、使用、收益、处分的权利，属于所有权。所有权并不复杂，对于业主来讲，对房屋行使所有权表现在可以居住进行占有、使用，可以出租用于收益，也可以出售、抵押或者设置居住权进行法律上的处分，也可以装修进行物理上的处分。

但这并非理解业主专有权的关键，理解业主专有权的关键在于理解什么是建筑物的专有部分？建筑物的专有部分都包含哪些？也即业主可以行使所有权的范围。理论性的问题如专有部分的四至范围到哪里？与其他业主共用的墙壁是专有部分吗？实践中常遇到的问题如：业主是否可以更换外墙颜色或张贴广告？是否可以改变房屋基本格局？而问题的答案基本取决于我们能否对特定部位进行准确界定，以确定是否属于专有权行使的范围以及是否属于专有权行使受限的范围。

目前我国关于建筑物专有部分的规定，主要有《民法典》第271条（住宅、经营性用房等专有部分）和《建筑物区分所有权纠纷解释》第2条（具有构造独立性、利用独立性并且能够登记的房屋、车位、摊位、露台、建筑物等）。

关于构造独立性、利用独立性，主要指：（1）一栋建筑物的此部分与该栋建筑物的彼部分必须可以明确区分；（2）一栋建筑物的此部分与该栋建筑物的彼部分须以境界壁、天花板、地板等予以隔断；（3）通行的直接性，即建筑物的此部分不必经由建筑物的彼部分即能与外部直接相通，且有独立的出入口；（4）专用设备的存在，即建筑物内有适合于使用目的和用途的专用设备；（5）公用设备的不存在，即建筑物内不存在供全体或部分业主共用的设备。①

关于"能够登记"，需要指出的是，"能够登记"而不是"须经登记"。也即只要具备前述两个实质条件，即便未登记只要能够进行登记也可以成为专有部分。那如何理解"能够登记"？根据法律保护合法权益的原则，只要是合法建筑即可以认定为"能够登记"，而对于违法或违章建筑即便具备构造及使用上的独立性也无法进行登记。

---

① 最高人民法院民事审判庭第一庭.最高人民法院建筑物区分所有权、物业服务司法解释理解与适用[M].北京:人民法院出版社,2009:44–46.
王泽鉴.民法物权[M].北京:北京大学出版社,2010:171–172.
陈华彬.建筑物区分所有权法[M].北京:中国政法大学出版社,2018:113–117.

笔者认为，专有部分最大的特点是物理构造上的独立性以及使用上的排他性。其中物理构造上的独立性不仅仅限于存在实际的物理界限，如墙壁、地上停车位虽然不具备建筑构造，但划线范围构成的四至空间仍然使其具备构造上的独立性；使用上的排他性是指当他人未经专有权人许可擅自使用时，专有权人可以排除他人侵害。

简单认识了专有部分的特性，我们来考虑另外一个问题，就是专有部分的四至范围，也即究竟至何处界线为止可以计入专有部分。该问题也直接影响到业主占有、使用、修缮房屋的范围。

学理上有中心说/壁心说、空间说、最后粉刷表层说、壁心说和最后粉刷表层说。（1）中心说/壁心说认为专有部分的范围达到墙壁、地板等部分厚度的中心；（2）空间说认为专有部分仅仅是由建筑材料所围成的空间，墙壁、地板等均为共有部分；（3）最后粉刷表层说认为专有部分到达墙壁、地板等部分表层所粉刷部分；（4）壁心说和最后粉刷表层说也即通说，认为在业主之间内部关系上专有部分至墙壁、地板等部分表层粉刷部分，在业主与第三方外部关系上比如买卖关系中，专有部分的范围到达墙壁、地板等部分厚度的中心。[①]

实践中的建筑面积即采用中心说/壁心说，套内面积即采用最后粉刷表层说。空间说笔者认为不具有合理性，根本原因是该主张与生活实践所冲突，如采用空间说，则墙壁、地板等均系共有部分，那么如果业主需要粉刷墙壁或者在墙上打个孔挂个东西

---

① 陈华彬.建筑物区分所有权法[M].北京:中国政法大学出版社,2018:122-127.

也应征求共有人同意，这显然与社会观念相悖。另外，有学者认为：所谓的老房子新房子，绝不是指的"空间"的新旧变化。[1]也有学者认为：将空间视为一种物，不宜为普通人所接受。对于一般人而言，买一套房，买的是房屋的所有权，对他来说，房屋是实实在在的、由四壁所组成的可由他独立支配的空间，因此从常理上讲，建筑物区分所有权的客体还是由四壁构成的房屋。[2]

上述是笔者对于专有部分的简单理解，同时笔者认为能够准确识别特定部分是否属于专有部分具备重要意义：

1. 除了部分归市政所有的道路及专属特定产权人的部分外，基于专有部分和共有部分共同构成小区完整的建筑及设施，我们可以认为，理解了什么是专有部分，也就理解了什么是共有部分。而看某一行为，排他性地独占使用某一部分，是否构成侵权的关键是确定该部分是专有部分还是共有部分。如果是专有部分则是所有权人行使所有权的表现，如果是共有部分则构成对全体业主权益的侵害。如开发商或者物业公司将架空层封闭并进行出租、保留外墙的收益权和部分业主霸占共有屋顶、公共绿地等行为即是混淆了专有部分和共有部分，明显是一种侵犯全体业主权益的行为。

2. 我们还可以认为，识别专有部分也是确定物业公司义务边界、责任边界的重要前提，因为物业公司的职责是维修养护公共设施及对小区环境、卫生、秩序进行维护。专有部分并不在物业服务企业的义务范围内。这也是共有屋顶漏水是物业责任而其他

---

[1] 陈鑫.建筑物区分所有权[M].北京:中国法制出版社,2007:30.
[2] 高富平,黄武双.物业权属与物业管理[M].北京:中国法制出版社,2002:42.

楼层漏水一般是业主责任的原因。另外，如小区发生入室盗窃案件，物业公司只要尽到相应的安全保障义务，如进出小区登记、有安保巡逻、公共区域有视频监控即不需要承担责任。

比较经典的表述为：物业提供的是保安服务不是保镖服务。《深圳物业条例》第75条即明确规定：物业服务企业负责物业管理区域共有物业安全检查和维护保养，并承担超过保修期或者合理使用年限后的物业安全管理责任。业主负责物业专有部分安全检查和维护保养。

【案例】（2020）粤0303民初4299号案

陈某的车辆于2019年10月15日被坠落的玻璃砸坏，因此陈某将业主、租客、物业公司诉至法院。

业主朱某认为该坠落的玻璃并非其所加装，也不能够擅自打开，更不能透风，应属于外墙而不属于窗户。

物业公司认为案涉房屋的玻璃属于落地窗玻璃，不属于公共外墙，物业公司也在案涉房屋的小区大堂及负一楼、公告栏、电梯等候厅内粘贴了《关于做好空调架、窗户、防盗网安全防范的通知》，事故发生后也配合做善后工作，并且从2014年12月28日接管该小区以来，并未出现窗户脱落炸裂的事件，因此，此事件该由所有权人承担相关的赔偿。

租客刘某认为：房屋租赁期间业主未履行房屋的维修义务，出租人应当向承租人交付符合用途的房屋，出租人应当履行租赁物的维修义务。出租人有义务保障包括玻璃窗在内的案涉房屋符合居住的安全条件，负有维修及排除隐患的义务，但是事实上自出租开始，出租人除了收取押金租金以外从未向刘某交付安全的租赁物，也没履行过维修的义务，甚至没有告知房屋存在安全隐患；同时炸裂的玻璃窗是房屋以及整栋楼的一个附着物，不是一个搁置物或独立悬挂的物品。出现意外的坠落是因为房屋建筑本身的问题，刘某不可能也没有能力对房屋本身或者房屋设施尽到安全保障的义务。另外，本案的原告是违规停放车辆，案涉停车地点属于消防通道，不能停放车辆。综上，玻璃窗自然炸裂属于意外事件，刘某只是在此时此刻恰好入住，对损害没有过错，不负有维修义务，不应当承担责任。

最终法院认为：（1）本案发生爆裂坠落事故的玻璃窗为房屋专有部分，不属于全体业主共有的公共部分，被告作为物业服务企业对其不承担安全维护责任。（2）建筑物、构筑物或者其他设施发生脱落、坠落造成他人损害的，适用过错推定责任，所有人、管理人或者使用人不能证明自己没有过错的，应当承担侵权责任。朱某作为涉讼房产的所有权人，刘某作为涉讼房屋的实际使用人，均未举证证明自身对于落地窗玻璃爆裂不存在过错，应当承担侵权责任。在物件损害责任中，原告车辆停放位置是否符合小区物业安排不能免除或减轻物业所有人、使用人的责任。（3）该房屋竣工于2005年，到事故发生时已经15年。被告朱某没有证据证明其对该出现爆裂坠落的玻璃窗进行过特别的防护，或者给予承租人充分的提示，故应承担主要责任，被告刘某作为承租人承担次要责任。本院酌定，业主朱某承担90%的责任，租客刘某承担10%的责任，两人相互承担连带责任。

本案认定责任承担主体的关键即在坠落的玻璃系专有部分还是共有部分，因认定坠落的玻璃系专有部分，即认定系业主和租客的责任，所以物业公司不需要承担责任。而在（2021）粤0391

民初 53 号、（2021）粤 0391 民初 54 号案中，原告的车辆均由于某大厦 A 座 43 楼南侧玻璃幕墙爆裂导致大量玻璃掉落受损，法院将玻璃幕墙认定为业主共有部分，因此物业公司作为玻璃幕墙的管理人无法证明其不存在过错，最终法院判定由物业公司承担责任。

3. 我们还可以进一步认为，识别专有部分也是确定维权主体的重要前提。如第三人侵害的是专有部分则由专有部分所有权人进行维权，如第三人侵害的是共有部分则一般由业主委员会代表全体业主维权，没有业主委员会的则由半数以上业主进行维权。

需要注意的是个别业主是没有权利就侵犯业主公共权益的事项单独提出诉讼的。这也是很多由个别业主起诉开发商、物业公司侵犯业主共有权益的案件，法院不进行实体审理而是直接驳回起诉的原因。起诉的主体不合法，民事诉讼上也叫主体不适格。

综上，笔者认为，理解专有部分是区分专有部分和共有部分的重要前提，而区分专有部分和共有部分是判定开发商、物业公司、业主是否侵权的首要问题，是判定物业公司是否具备义务、是否需要承担责任的重要标准，也是确定维权主体的依据。虽然专有部分内容稍显复杂，但笔者认为这是理解建筑物区分所有权的首要问题，也是读者在遇到纠纷时要面对的。

接下来，结合上面的理论部分请读者思考下面几个问题，以期更好地理解专有部分：

1. 卧室是专有部分吗？

一套房屋构成一个专有部分是常见的情况，而一套房屋的组成部分如一个卧室可以是一个专有部分吗？必须明确：这一问题中的"是"指等同关系,而不是归属关系,因为卧室必然归属于房屋这一专有部分,是房屋的组成部分。这一问题指一个房间的组成部分——卧室能否单独成为一个专有部分。换一种问法:夫妻离婚分割房屋是否能各自分一个卧室,然后共用客厅、卫生间等?

上文提到专有部分认定的三个条件:构造上的独立性、使用上的独立性、能够登记。其中关于构造上和使用上的独立性,其主要判断标准是,是否有与外部直接相连的独立的出入口和符合使用目的的设备。很明显,首先一个卧室无法与外界直接相连,必须通过大门;其次卧室只具备休息的功能,不完全具备生活的功能;再次一个卧室也无法进行登记。因此,我们可以说一个卧室不是一个独立的专有部分。我们来看下面的一个案例。

【案例】离婚分房案

亓某和袁某是夫妻,育有一子。后因夫妻感情不和,袁某向法院起诉请求离婚。诉求其子年岁尚小,为利于其健康成长,应当随同母亲袁某共同生活;亓某应每月支付抚养费200元,直到其子满18周岁为止;分割夫妻共同财产三居室房屋一套,将三居室房屋中的两间房(其中一间是主卧)分给袁某与其子。一审法院经审理认为,虽然亓某和袁某之间经常为生活琐事发生争吵,但双方感情尚未破裂,于是驳回了原告袁某的诉讼请求。一年后袁某再次向一审法院起诉离婚,诉讼请求和理由与第一次起诉基本相同。

一审法院裁判情况:一审法院认为,双方感情确已破裂,判决准予离婚。其子与袁某共同生活,亓某应每月支付抚养费200元,直到其满18周岁为止。夫妻共有财产三室一厅房屋一套,其中的主卧室和与主卧室较近的一间房归袁某所有;北面的一间房归亓某所有；客厅和卫生间归双方共同所有。

当事人上诉情况：亓某不服一审判决，向二审法院上诉称，一审法院将夫妻共有财产三室中的一室判归我所有，我不同意，因为这样我的生活很不方便。我要求袁某补偿我30万元，将这套房屋都判归袁某所有。袁某答辩认为，一审法院判决分给亓某的房屋不能强卖给我，一是因为我经济困难，二是那间房屋我也用不到，不同意亓某的上诉请求。

二审法院裁判情况：二审法院认为，如果将三室一厅中的一间房屋判归亓某，其余两间判归袁某，而客厅和卫生间归双方共有，确实对于亓某的生活很不方便，也很容易在原来矛盾很深的双方之间产生新的矛盾，不利于社会和谐。于是对一审判决进行了部分改判，判决该套三室一厅的房屋全部归袁某所有，袁某按市价补偿亓某25万元。①

二审法院改判的理由是：（1）虽然该房屋中的三间屋子都有独立的门，具备构造上的独立性，但是每间屋子只能与客厅相通，都没有独立的与外界相通的出入口，并不具备使用上的独立性。（2）将该房屋的三间屋子分别归两个人所有并不能在登记机关进行登记。

笔者认为，将一套房子的组成部分即三间屋子，判决分别归两个人所有相当于把一套房子一个物权分割成了两套房子两个物权，违反一物一权原则，一般情况物的组成部分尤其是不可拆卸的部分不具备独立性，不能单独成为物权的客体，就像买一套房不能只买一个客厅或者卫生间，我们也不能单独成为客厅或者卫

---

① 最高人民法院民事审判庭第一庭.最高人民法院建筑物区分所有权、物业服务司法解释理解与适用[M].北京:人民法院出版社,2009:51–53.

生间的所有权人。

2. 露台是专有部分吗？

首先，这个问题中的"是"与上一个案例中"一个卧室是专有部分吗"中的"是"意思并不一致。"一个卧室是专有部分吗"中的"是"系等同关系，即一个卧室能否单独构成一个专有部分，而该问题中的"是"系归属关系，即露台能否成为房屋等专有部分的组成部分。

其次，《建筑物区分所有权纠纷解释》第2条第2款规定：规划上专属于特定房屋，且建设单位销售时已经根据规划列入该特定房屋买卖合同中的露台等，应当认定为前款所称的专有部分的组成部分。

上述司法解释规定了露台成为专有部分组成部分的条件，笔者简单阐释如下：（1）露台必须是经过行政主管部门批准规划的，该条件系露台能否归业主所有的合法性条件；（2）露台在物理结构上专属于特定房屋，从物理构造独立性和使用的排他性理解，即该露台只有从特定房屋才能进入而不能从其他专有部分或公共区域进入；（3）该露台必须要有合同依据，即在与建设单位的买卖合同中必须对露台作出明确约定。上述条件缺一不可。

下面举两个案例。

【案例一】（2019）粤 03 民终 33373 号案

原告彭某购买某小区的房产后发现被告即其左右邻居将楼层内的公共区域改建成私家花园，并设置围栏阻止他人进入，遂起诉至福田法院要求被告拆除。

被告辩称：该花园系购房时赠送，围栏系开发商统一分割，且授予"空中花园"使用权证书，该区域并非公共区域而系被告专属所有，并且小区存在类似情况的有100套房屋，20余年来均未有任何争议。

首先，法院向深圳市不动产登记中心发函询问该花园情况，深圳市不动产登记中心回复：案涉花园即露台部分为不计建筑面积部分，房产证上的面积不包含露台部分。其次，被告与建设单位签订的《深圳市房地产买卖合同》未就案涉花园部分作出任何约定。因此，法院认定该区域为公共区域，同时被告使用该区域也未经共有人同意，两级法院均判决被告依法拆除，恢复原状。

【案例二】（2019）粤03民终21638号案

原告张某及被告杜某均系福田区香蜜湖某小区业主，系上下楼邻居关系，原告张某系楼上业主，被告杜某系楼下业主。被告杜某在其房屋露台安装窗户灯饰等，原告起诉至福田法院，称该露台为业主共有，要求拆除恢复原状。

法院查实，被告房屋户型图显示：该露台规划专属于被告房屋，且合同已经明确约定露台权属，装修方案已经物业同意，且灯饰不足以对楼上业主生活造成影响。因此两级法院均驳回原告的诉讼请求。

两个案例均为因露台引起的邻居之间的纠纷，案件的关键是界定露台是为业主专有还是公共所有。在开发商销售房屋过程中，经常会以赠送露台为噱头进行营销，但该露台能否成为业主专有部分，取决于是否有规划，物理上是否专属使用，合同是否有明确约定。如不符合上述条件，露台归属于业主共有部分，开发商即无权进行赠予，因此在购买新房涉及露台的问题时应当注意。

3.楼顶天台是专有部分吗？

《建筑物区分所有权纠纷解释》第3条规定：除法律、行政法规规定的共有部分外，建筑区划内的以下部分，也应当认定为《民法典》第二编第六章所称的共有部分：（1）建筑物的基础、承重结构、外墙、屋顶等基本结构部分，通道、楼梯、大堂等公共通行部分，消防、公共照明等附属设施、设备，避难层、设备层或者设备间等结构部分；（2）其他不属于业主专有部分，也不属于市政公用部分或者其他权利人所有的场所及设施等。

关于楼顶平台是专有部分还是共有部分的问题，理论和实践上争议都比较大。

目前我国实践中倾向性观点认为，一般情况下，应将楼顶平台推定为共有部分，但在特殊情况下应当允许顶楼业主通过反证推翻法律的推定，认定为专有部分，具体条件如下：①符合规划；②构造上有相对独立性，只能从顶楼住户专有部分而无法从其他共有区域比如楼梯、走廊到达顶楼，具备使用上的排他性。③已在销售合同中明确约定。①

接下来我们看两个简单的案例。

【案例一】天台使用权案

原告罗某与被告某开发商签订房屋买卖合同，购得广州市荔

---

① 最高人民法院民事审判庭第一庭.最高人民法院建筑物区分所有权、物业服务司法解释理解与适用[M].北京:人民法院出版社,2009:73-77.

湾区某小区房屋一套，并签订一份《天台使用权转让协议书》，将位于房屋之外的天台使用权转让给原告罗某。后原告罗某认为该《天台使用权转让协议书》转让协议无效，遂诉至法院，要求被告返还已收转让款。

法院经向广州市房地产测绘所核实并经现场勘查核实认定：该平台不计算建筑面积，也没有计入分摊面积，同时该天台只能通往罗某阳台。因此该天台并非供全体业主共同使用的，被告出售天台并未侵犯业主共有部分。因此两级法院均判决驳回原告诉讼请求。

该案例系有规划、有合同、构造及使用上有独立性，认定天台为专有部分的情形。[①]

【案例二】楼顶花园案

王某与某开发商签订房屋买卖合同购得某小区顶楼房屋一套，且开发商通过广告宣称：买顶层者均赠送楼顶花园，因此双方又签订补充协议约定王某所购房屋屋顶由王某使用。后小区业主委员会通过决议，决定通过太阳能系统解决楼内采光问题，需要使用屋顶作为设备安装点，但楼道被王某封锁，设备无法安装。后王某诉至法院，要求法院确认楼顶使用权归其所有，并要求开发商在产权证中对此予以明确。

法院经审理认为：按照目前的民法理论，楼顶花园属于全体业主共有，顶层露台已分摊到业主的建筑面积中，从本质上讲，顶楼花园系业主共有部分，开发商不能将顶楼花园出售，因此驳

---

① 齐恩平主审.沃耘,李超主编.建筑物区分所有权法案例评析[M].//民商法系列丛书·以案说法.北京:对外经济贸易大学出版社,2009:20-23.

回了王某的诉讼请求。①

笔者认为，该案例系在法律没有明确规定的情况下，法院运用建筑物区分所有权理论进行的司法实践。

从上述案例可以看出，无论是新房还是二手房，业主要想取得楼顶花园的专有权，该楼顶花园必须经规划且未进行分摊、有独立构造且能排他使用，还必须在合同中有明确约定，不能单凭开发商的单方宣传。此点与对露台的注意事项一致。

专有部分内容复杂，经常需要区分某一部分或者设施系开发商单独所有还是由业主共有，因此深刻理解专有部分的特征和条件是业主准确把握业主权利的基础。深刻理解建筑物区分所有权的理论基础虽然难，但若能吃透，可以一劳永逸。

---

① 齐恩平主审.沃耘,李超主编.建筑物区分所有权法案例评析[M].//民商法系列丛书·以案说法.北京:对外经济贸易大学出版社,2009:45-47.

外墙是专有部分吗？

——论专有权的扩张

通过前一节内容的论述，关于本文问题的答案应当非常清晰：外墙不属于专有部分。

我们在前一节提到，看某一行为：排他性地独占使用某一部分，是否构成侵权的关键是确定该部分是专有部分还是共有部分。如果是专有部分则是所有权人行使所有权的表现，如果是共有部分则构成对全体业主权益的侵害。那么既然外墙属于共有部分，在外墙固定位置悬挂空调外机的行为为什么不构成对全体业主权益的侵权呢？

原因在于，虽然外墙属于共有部分，由全体业主共同使用、共同管理，但在外墙固定位置悬挂空调外机的行为是基于对房屋合理使用的需要固定使用某一共有部分，而且外墙的使用也很难像其他共有部分如电梯一样随机、轮流使用。

这种做法有学者称之为共有权之延伸——专用使用权①；也有

---

① 齐恩平.业主权的释义与构建[M].北京:法律出版社,2017:85.

观点认为是业主专有权行使的合理延伸①。笔者认同第二种观点，称之为专有权的扩张。因为在共有部分设定专用使用权，本质也是共有部分的一种使用方式，也未超过共有权的范围，不能称之为共有权的延伸，只是共有部分的一种使用方式。

《建筑物区分所有权纠纷解释》第4条规定：业主基于对住宅、经营性用房等专有部分特定使用功能的合理需要，无偿利用屋顶以及与其专有部分相对应的外墙面等共有部分的，不应认定为侵权。但违反法律、法规、管理规约，损害他人合法权益的除外。

因此，基于合理需要无偿使用专有部分对应的共有部分不属于侵权行为。关于如何界定单个业主使用是否合理，权威观点认为需要符合以下标准：（1）不以营利为目的；（2）目的是更好地使用专有部分，如增加专有部分的舒适度和安全性；（3）不违反法律、法规、管理规约或者损害他人合法权益，也即符合市政管理规定、正确处理相邻关系。②

我们来看以下案例。

【案例一】（2013）民监字第15号案

卢某某、蔡某某与陈某相邻关系纠纷中，陈某因使用热水器在外墙安装管线，卢某某、蔡某某遂将陈某起诉至福建某法院要求陈某拆除管线恢复原状，两级法院均以陈某使用热水器为正常

---

① 最高人民法院民事审判庭第一庭.最高人民法院建筑物区分所有权、物业服务司法解释理解与适用[M].北京:人民法院出版社,2009:81-83.
② 最高人民法院民事审判庭第一庭.最高人民法院建筑物区分所有权、物业服务司法解释理解与适用[M].北京:人民法院出版社,2009:79-80.

生活需要的理由予以驳回。后卢某某、蔡某某向福建高院申诉后又向最高院申诉。最终，最高院同样认为，陈某为满足正常生活需要，在与卢某某、蔡某某房屋上下层中线以上的外墙安装管线，并未侵犯其权益，也符合相邻关系的要求，最终驳回其申诉请求。

本案也是因外墙纠纷诉至最高院的唯一案例。

【案例二】（2015）深中法民终字第325号案

原告陈某与被告潘某系深圳市宝安区某小区同楼层左右相邻业主，被告潘某将其空调外机安装于阳台侧面与地板同水平面的外墙上，另在门外墙角的天花板上安装摄像头，并在大门外右侧墙壁底部安装门吸。

原告陈某诉至宝安法院要求被告潘某拆除空调外机、门吸及摄像头。

经两级法院查明：小区管理规约第14条第7项规定：禁止改变住宅外立面；第11项规定，禁止占用或损坏楼梯、通道等公共部分、设施及公共场所。同时，同一栋业主均未将空调外机安装于外墙。因此法院认定被告潘某安装空调外机的行为违反管理规约，侵害他人合法权益；对于门吸，法院认为并非生活必需且存在安全隐患；鉴于摄像头属于可旋转摄像头，其覆盖范围涵盖了原告陈某的家门，侵犯了原告的隐私权。

最终法院判令被告潘某拆除空调外机、门吸和摄像头。

【案例三】（2018）粤 03 民终 17082 号案

被告马某系盐田某小区业主，原告系该小区物业管理公司。原告的装修管理员在巡查中发现马某的施工人员在其房屋外墙开孔安装窗户，劝说无果后，诉至盐田法院，最后经两级法院及高院认定：马某安装的窗户系在房屋外墙上开洞安装，而外墙属于业主共有部分，在外墙上开洞不仅是对房屋共有部分的改造，也会损害房屋结构，危及建筑物安全。马某的上述行为不仅损害到其他业主的合法权益，也妨害到物业服务与管理。物业公司起诉要求马某恢复原状，符合《物业服务纠纷解释》第 4 条"业主违反物业服务合同或者法律、法规、管理规约，实施妨害物业服务与管理的行为，物业服务企业请求业主承担恢复原状、停止侵害、排除妨害等相应民事责任的，人民法院应予支持"的规定。

案例二、三分别为违反管理规约和法律规定的情形。那么在既不违反管理规约也不违反法律规定的情况下，是否一定属于合理使用呢？

【案例四】（2017）粤 0307 民初 12170 号案

原被告为龙岗某小区上下楼斜相邻业主，被告将其空调外机放置在指定的室外空调机位，且已验收合格。但其空调外机有两个排风口，其中排风机上的排风口正对原告房屋洗手间窗口，斜对原告房屋厨房窗户。因被告的中央空调排风机较普通家用空调排风机多出一个排风口，该空调排风机高度超出了外墙预留空调卡位的高度，每当被告空调运转，中央空调排风机上的排风口排出的热风径行吹进原告房屋洗手间和厨房，对原告的居家环境造成困扰。经多次调解无果，原告方某诉至法院，要求将现有的空调外机搬离。

龙岗法院认为：案涉建筑物的外墙属于业主专有部分之外区域，应为小区业主共有，业主对与其专有部分紧密相连的外墙面拥有合理使用的权利。合理的标准有二：第一，不以营利为目的；第二，不得违反法律、法规、管理规约或者损害他人的合法权益。被告将空调排风机安装在开发商预设的卡位并无不当之处，但因该排风机的上排风口正对原告房屋洗手间窗口，斜对原告房屋厨房窗户，空调运转带来的大量热风吹进原告房屋洗手间及厨房，妨碍了原告住所的正常通风，给原告生活造成不便，侵犯了原告的合法权益，依法应予排除妨碍，原告请求被告将空调排风机搬移符合法律规定，并判决被告搬移房屋外墙的中央空调排风机。

本案中，纠纷的根源系被告安装的空调外机的排风口排出的热风径行吹进原告房间，侵害了他人的合法权益，因此不属于合理使用的情形，同时也是相邻关系纠纷的情形。

因此，笔者认为：作为业主应当切实把握自身权利边界，合法使用专有部分及共有部分，正确处理与邻里之间的关系。如为获取不法利益，虽然可以短时间享受违法行为带来的利益，但最终结果将是竹篮打水一场空，得不偿失。

必备法律知识⑤

专有权有什么限制？

权利不是绝对的，没有任何一项权利是不受限制的。建筑物区分所有权中业主对专有部分的所有权即专有权也是如此。

同时，物业小区是一个地缘共同体。好比因婚姻而形成的血缘共同体，除了对方是你选择的，其他的一切亲属关系都是强加的。作为小区的业主也是如此，买了房，进入了一个地缘共同体，可除了房子是你选择的，其他的一切都是强加的。①

另外，专有权的限制不仅仅是基于一般的相邻关系而施加的限制，而且还是基于自用部分与其他不可分部分或建筑物的整体性而产生的限制。也就是说，区分所有权人除了像一般所有权人之间要尽相邻关系的义务外，还必须考虑各自独立部分结合成为一个整体这一事实，尽共同维护整体物业存在和良好的义务。②

因此，权利限制、业主之间一定程度的妥协及容忍不可避免。但笔者认为，权利限制更多的是基于一栋建筑物由多人所有的事实，其目的是对权利划定各自的边界，避免权利冲突，并非

---

① 陈鑫.业主自治:以建筑物区分所有权为基础[M].北京:北京大学出版社,2007:1.
② 高富平,黄双武.物业权属与物业管理[M].北京:中国法制出版社,2002:48.

削减权利。

我国现行法律关于专有权限制的规定如下：

1.《民法典》第 272 条规定：业主对其建筑物专有部分享有占有、使用、收益和处分的权利。业主行使权利不得危及建筑物的安全，不得损害其他业主的合法权益。

2.《民法典》第 273 条第 2 款规定：业主转让建筑物内的住宅、经营性用房，其对共有部分享有的共有和共同管理的权利一并转让。

3.《民法典》第 279 条规定：业主不得违反法律、法规以及管理规约，将住宅改变为经营性用房。业主将住宅改变为经营性用房的，除遵守法律、法规以及管理规约外，应当经有利害关系的业主一致同意。

国内关于专有权限制的主要理论如下，将专有权的限制分别归结为：

一、（1）按照专用部分的原使用目的或规约规定使用；（2）维护建筑物牢固安全和外观美观完整；（3）不得随意变动、撤换、毁损专有部分中涉及共有的部分。[1]

二、（1）业主专有权处分权能的限制；（2）业主违反共同利益行为的禁止；（3）专有部分不得擅自改变用途；（4）专有部分的容许进入义务（如衣服掉在楼下邻居的阳台上，楼下邻居应当允许楼上邻居进入房屋取回衣服或者帮助取回衣服）；（5）立体相邻关系的限制。[2]

---

[1] 马克力,王磊,罗海艳.物业管理纠纷[M].北京:法律出版社,2007:48-50.
[2] 齐恩平.业主权的释义与构建[M].北京:法律出版社,2017:185-188.

三、（1）禁止专有部分所有权的滥用：不得危及建筑物安全、不得影响建筑物结构及外观的完整统一；（2）营业性限制；（3）禁止单独转让。[①]

四、专有所有权人承担的义务：（1）不得违反全体区分所有权人的共同利益：对建筑物的不当损毁行为和未按专有部分的本来用途和使用目的使用专有部分；（2）维持区分所有建筑物存在的义务。[②]

笔者认为，专有权即业主对专有部分的所有权，而所有权共有四项权能，即占有、使用、收益、处分。对专有权的限制可从对四项权能的限制考虑，单纯的占有以及收益一般不会对他人造成影响，因此笔者认为对专有权的限制主要体现在使用权及处分权上的限制。

一、使用权上的限制

使用主要是指利用物的使用价值，比如手机是用来通信娱乐的、kindle（电子阅读器）是用来读书的，但没有人限制你用手机作为板砖进行防卫、用kindle盖泡面。对用于居住生活的小区住宅来说，却不可以随便用来开办公司或经营餐饮娱乐场所，即要按照专有部分的原有使用目的进行使用，不得擅自改变用途。

同时为维护建筑物的安全也不得堆放易燃易爆物品，这也是不允许将电动自行车推上楼充电的一个重要原因。

[①] 陈鑫.建筑物区分所有权[M].//王利明.物权法专题精义争点与判例丛书.北京:中国法制出版社,2007:45-57.

[②] 陈华彬.建筑物区分所有权法[M].北京:中国政法大学出版社,2018:131-134.

二、处分权上的限制

处分既包括事实上的处分，又包括法律上的处分。事实上的处分是指权利人对物本身进行物理上处置，法律上的处分是指权利人对物进行法律上的权利产生、变更或者消灭的行为。比如我们对汽车进行改装、对房屋进行装修属于事实上的处分，而把汽车卖掉、把房子抵押、出售则属于法律上的处分。

关于专有权中事实上的处分限制主要指权利人不得毁坏专有部分，房子虽然是我们的，但是我们却不得改变房屋结构、把房子推倒重建、危害整体建筑物的安全。同时也不得改变房屋设计时的用途，比如把没有防水要求的卧室改成有防水要求的浴室。

关于专有权法律上的处分权限制主要是指专有权在建筑物区分所有权中占主导地位，专有权转让，共有权和成员权必须一并转让，不可分割。如卖掉房屋而保留业主身份、卖掉房屋而保留共有车位的使用权均是不被允许的。

关于专有权的限制，笔者将从上述两大方面进行分别论述。对使用的限制，笔者将论述"住改商"以及"骨灰房"的问题；对处分权的限制，将重点论述业主违规装修和房屋整体转让的问题。

必备法律知识⑥

把房子租给他人开公司合法吗？
——论"住改商"的法律风险

　　根据前文内容，专有权人负有按照房屋原有用途使用房屋的义务，把公司开在住宅区即"住改商"明显违反了上述义务。那业主自己不"住改商"而是把房子租给别人"住改商"合法吗？

　　从"法无禁止即自由"的民法理念看，目前《民法典》并没有禁止租客进行"住改商"，但是，从朴素的社会主义价值观出发，业主都不能做的事情租客就更不能做了。

　　这样的思考方式蕴含了法律解释方法中一个重要的方法即当然解释。当然解释是指某个法律条文虽然没有明文规定适用该类型案件，但从该法律条文的立法本意来看，该类型案件比法律条文明文规定者更有适用的理由，因此适用该法律条文于该类型案件的一种解释方法。当然解释的法理依据是所谓的"举重以明轻，举轻以明重"。因为在社会当中存在一类逻辑关系，叫"不言自明，理所当然"，只要提到其中一个，则另外一个当然地也包含在内。例如，"禁止攀摘花木"只是明文提到"攀摘花木"的行为应予禁止，并没有明文提到"禁止刨根伐木"。按照文义解释"攀摘花木"是不可能包含"刨根伐木"的，但"禁止攀摘花木"

的立法本意是禁止一切损害花木的行为，摘一片树叶或者摘一朵花这样轻微的损害行为均在禁止之列，举轻以明重，比"攀摘花木"严重得多的"刨根伐木"当然更在禁止之列，这是不言自明、理所当然的。[①]笔者认为，当然解释是法律解释方法里重要性仅次于文义解释的解释方法。

而关于不是业主的物业使用人能否"住改商"的问题，《深圳物业条例》第16条直接规定：业主、物业使用人应当依法履行下列义务：（1）遵守管理规约、业主大会议事规则以及物业管理区域物业使用、公共秩序和环境卫生等方面的规章制度；（2）执行业主大会、业主委员会依法作出的决定；（3）按时缴纳物业管理费、物业专项维修资金；（4）配合物业服务企业或者其他管理人实施物业管理；（5）法律、法规以及管理规约规定的其他义务。

《深圳物业条例》将物业使用人直接纳入规制范围，因此"住改商"原则上无论是业主还是物业使用人都是不被允许的。必备法律知识1中我们提到，无论是购买新房还是二手房，根据《深圳物业条例》的规定，都会统一认定其业主身份，我们会发现《深圳物业条例》结合相关理论直接作出明确规定，这为司法实践中法律适用提供了便利。

笔者认为对"住改商"予以限制，主要的原因是：（1）打破了住宅应有的宁静、安全、有序的生活环境；（2）从实质上架空了我国关于土地用途规划的管理。

目前我国关于"住改商"的法律规定主要有：

---

① 梁慧星.裁判的方法[M].北京:法律出版社,2021:222-223.

1.《民法典》第 279 条规定：业主不得违反法律、法规以及管理规约，将住宅改变为经营性用房。业主将住宅改变为经营性用房的，除遵守法律、法规以及管理规约外，应当经有利害关系的业主一致同意。

2.《建筑物区分所有权纠纷解释》第 10 条规定：业主将住宅改变为经营性用房，未依据民法典第 279 条的规定经有利害关系的业主一致同意，有利害关系的业主请求排除妨害、消除危险、恢复原状或者赔偿损失的，人民法院应予支持。

将住宅改变为经营性用房的业主以多数有利害关系的业主同意其行为进行抗辩的，人民法院不予支持。

第 11 条规定：业主将住宅改变为经营性用房，本栋建筑物内的其他业主，应当认定为民法典第 279 条所称"有利害关系的业主"。建筑区划内，本栋建筑物之外的业主，主张与自己有利害关系的，应证明其房屋价值、生活质量受到或者可能受到不利影响。

其中《民法典》第 279 条源于原《物权法》第 77 条。《建筑物区分所有权纠纷解释》于 2009 年正式实施，第 10 条和第 11 条在 2020 年进行修订时也几乎未进行修改。

从上述规定可以看出，我国对住改商的整体态度并非一刀切式的一律禁止而是设置严格的"住改商"条件，允许符合条件的"住改商"。究其原因主要有两方面：第一，即便是纯粹的住宅类物业，也无法完全隔绝一些与日常生活必要的经营行为的进入。如日常生活必需品若完全需要到商业区购买则费时费力，既无法满足临时所需又增加生活成本，而住宅内的便利店给业主生活带来了便利，没有绝对禁止的必要。第二，营业行为本身具备多样性，有相当多的营业行为可以居家完成，本身就将营业行为的地点和住宅完全融合在一起，导致禁无可禁。[①]而前几年疫情的原因，还有在线办公技术的发展，也使居家办公成为可能的选择，但"住改商"仍然需要具备严苛的条件。

根据我国目前关于"住改商"的法律规定，业主将住宅改变为经营性用房，需要符合法律、法规以及管理规约的规定，并经过有利害关系的业主一致同意。笔者认为，需要注意以下几点：

1. 有利害关系的业主的范围：同一栋建筑物内的其他业主依据法律规定当然地被认定为有利害关系的业主，且该认定不能推翻，也就是即便有证据证明"住改商"行为不会对本栋其他业主造成影响也不能认定本栋其他业主不具备利害关系；如本小区其他楼栋的业主主张其系有利害关系的业主则需要举证证明其有利害关系，如房屋价值、生活质量受到或者可能受到不利影响。

2. 需要有利害关系的业主一致同意的原则，类似于联合国五常国家的一票否决权，也就是只要有一户不同意即不得"住改商"，此种情形不适用团体法中常见的多数决原则，如业主大会多数决制度。

3. "同意"需以明示的方式表达，"住改商"的业主不能以利害关系业主未做任何表述的默认行为认定同意。

4. 已经办理工商登记取得营业执照的事实，不能成为抵消有利害关系业主反对意见的理由，也就是行政法上的合法性不能推定在民法上也具有合法性。这也是笔者经常提到的，行政法作为

---

① 陈鑫.建筑物区分所有权[M].//王利明.物权法专题精义争点与判例丛书.北京:中国法制出版社,2007:55.

社会管理法，更多考虑的是社会公共利益，但不侵犯社会公共利益不代表不侵犯部分或者个别主体的私人利益，行政合法不代表民事合法。

我们先看两个其他省的案例。

【案例一】（2009）魏民一初字第 259 号案

17 名原告系河南许昌某小区业主，3 名被告系同小区业主，3 名被告将其住房租赁给第 4 名被告某食品公司用于经营。17 名原告遂将 3 名业主和食品公司诉至法院，要求停止经营，恢复住宅用途。

法院认定如下事实：公司所聘用的员工在工作期间，从事业务接待、开例会、做操、唱歌，在小区内进进出出，该小区业主的正常生活受到一定的影响。

法院认为：业主不得违反法律、法规以及管理规约的规定，将住宅改变为经营性用房。业主将住宅改变为经营性用房的，除遵守法律、法规及管理规约外，应当经有利害关系的业主同意。不动产的相邻权利人应当按照有利生产、方便生活、团结互助、公平合理的原则，正确处理相邻关系。3 名被告将自己居住的房屋交给被告公司使用，17 名原告不同意。4 名被告没有提供 17 名原告同意的证据。被告公司在使用期间，17 名原告的正常生活受到一定的影响。故 4 名被告应承担全部责任。17 名原告的诉讼请求合法有据，本院依法予以支持。

最终法院判决，食品公司停止在小区内的经营，恢复房屋住宅用途。

该案例属于非常明显的已经严重影响到业主生活的案例，自然应当被禁止。

【案例二】（2013）鄂武汉中民终字第 01019 号案
——最高人民法院 2014 年第 11 期公报案例

原告张某、被告郑某系同一小区上下楼邻居关系，被告将其房屋租赁给某通信公司作为机房使用，且通信公司保证改造、装修房屋不影响房屋的建筑结构安全，设备在工作中或因老化等不影响周边群众的生活、休息。

案例系明显严重影响业主生活被禁止，但本案例并不存在该情形，是否应当禁止法院给出了不一致的意见。

一审法院认为：《物权法》第 77 条（即《民法典》第 279 条）的立法目的，实际上主要针对的是利用住宅从事经营生产，规模较大的餐饮及娱乐、洗浴或者作为公司办公用房等动辄给其他区分所有权人带来噪声、污水、异味、过多外来人员出入等影响其安宁生活的营业行为，并非所有将住宅改变的行为都是《物权法》第 77 条规制的行为。两被告并未改变讼争房屋的住宅性质，即使改变也是用于公益事业，且原告未提供其房屋价值、生活质量受到或者可能受到不利影响的证据，故对原告的诉请，不予支持。

根据前述部分，我们可以看到一审法院有一个很明显的错误就是，作为同一栋业主是不需要证明自己房屋质量或者生活质量受到或者可能受到不利影响的，只有同一小区不同栋的业主才需要举证利益受损。

二审法院另查明通信公司与武汉市公安局签订的武汉市城市视频监控系统项目建设、运维服务和租赁合同约定，合同基准价为 1.86 亿元。

二审法院认为：

（1）住宅是指专供个人、家庭日常生活居住使用的房屋；经营性用房是指用于商业、工业、旅游、办公等经营性活动的房屋，两者因用途不同而有本质区别。住宅的用途主要是生活居住，经营性用房的用途主要是经营性活动。本案中，通信公司租赁讼争房屋用于放置光纤传输机柜作为数据传输汇聚节点，以建设有线光纤传输宽带网络，解决"平安城市"视频监控录像传输、无线城市综合项目 WLAN（无线宽带局域网）、周边居民小区宽带、固定电话等接入业务的汇聚、交换需求。从其用途可以看出，其租赁讼争房屋并不是为了生活居住，而是为了从事经营性活动，因此通信公司上述行为属于将住宅改变为经营性用房。

（2）通信公司将住宅改变为经营性用房的行为应当经过有利害关系的业主同意。依照《物权法》第77条"业主不得违反法律、法规以及管理规约，将住宅改变为经营性用房。业主将住宅改变为经营性用房的，除遵守法律、法规以及管理规约外，应当经有利害关系的业主同意"的规定，业主将住宅改变为经营性用房，其行为的合法性需要同时满足两个条件：①遵守法律、法规以及管理规约；②应当经有利害关系的业主同意。即使没有违反法律、法规以及管理规约，只要没有经过有利害关系的业主同意，将住宅改变为经营性用房的行为仍不具备合法性。《物权法》第77条的条款语义清楚、内涵明确，一审对该条款中的"业主将住宅改变为经营性用房"做限缩性解释不当，本院予以纠正。

依照《建筑物区分所有权纠纷解释》第11条"业主将住宅改变为经营性用房，本栋建筑物内的其他业主，应当认定为物权法第77条所称'有利害关系的业主'。建筑区划内，本栋建筑物之外的业主，主张与自己有利害关系的，应证明其房屋价值、生活质量受到或者可能受到不利影响"的规定，上诉人张某作为本栋建筑物内的业主，无需举证证明其房屋价值、生活质量受到或者可能受到不利影响，即可认定为有利害关系的业主。

因此二审法院判决：（1）撤销一审判决；（2）两被告拆除光纤传输设备恢复房屋住宅用途。

我们会发现即便不影响其他业主生活的"住改商"也不意味着一定合法，这就是笔者提到的"住改商"实质上架空了我国关于土地用途规划的管理。

关于"住改商"，深圳也不乏类似案例。有改成公司办公的，如（2020）粤03民终26539号案，有改成咖啡馆的，如（2020）粤03民终7164号，还有改成月子会所的，如（2020）粤03民终349号案，更有甚者改成烧烤店的，如（2019）粤03民终29497号案，判决理由均类似，笔者不再赘述。

接下来我们再考虑另外一些问题，即如果业主将房屋租赁给第三方用于经营，租赁合同效力如何？如因其他业主反对导致无法继续经营是谁的责任？租客的押金能不能扣？业主是否需要对经营损失承担责任？这些都是业主需要考虑的问题。我们先来看两个深圳的案例，同时为方便理解，案例将直接以租客、业主分别代替原、被告。

【案例一】（2021）粤03民终3588号案

2019年8月16日，租客与业主签订租赁合同，将业主位于深圳市南山区某小区的一处住宅房屋出租给租客，合同约定：（1）

租赁房屋用途为商业；（2）租赁合同解除时，保持现状；出租人交付的房屋存在不符合相关法律、法规或规章等的规定，或严重不符合合同约定，或影响承租人安全、健康等情形的，承租人有权单方面解除本合同；（3）承租人存在不按约定支付租金或押金达十日的、欠缴各项费用的金额相当于一个月房屋租金的、未经出租人书面同意擅自对房屋进行装修等情形的，出租人有权单方面解除合同、收回房屋。

后因交房及装修问题，双方发生争议。

2019年9月25日，租客委托律师向业主发出《律师函》，要求2019年9月30日前退还押金；同时租客向深圳市南山区规划土地监察局举报业主违建。

2019年10月8日，业主委托律师向租客发出《律师函》，要求缴纳租金，否则构成违约。

租客向一审法院起诉请求：（1）确认租客、业主双方签署的租赁合同于2019年9月23日解除；（2）业主向租客退还已支付的租金23800元；（3）业主向租客退还押金71400元；（4）业主向租客支付违约金47600元；（5）本案诉讼费由业主承担。

业主向一审法院反诉请求：（1）租客向业主支付8月16日至8月31日期间的租金11900元，从10月1日开始支付租金23800元（暂计至2019年10月31日，计至法院判决租赁合同解除之日止）；（2）租客赔偿因损害出租房屋导致业主恢复原状造成的损失26000元；（3）租客支付因承租房屋导致的家具损失40048元；（4）租客赔偿业主支付房屋中介公司的中介费11900元；（5）租客支付业主停车费900元；（6）由租客承担本案诉讼费用。

一审法院认为：

首先，租客与业主签订的《房屋租赁合同》系双方的真实意思表示，内容未违反法律、行政法规的效力性强制性规定，合法有效，双方当事人均应按照合同约定履行合同义务。

其次，案涉房屋的用途为住宅，而双方的《房屋租赁合同》约定租赁房屋用途为商业，业主作为出租人将住宅作为商业用途出租存在过错；而租客作为承租人，对于承租房屋的用途理应有所了解，其自愿与业主签订案涉租赁合同，现并无充分证据证明因房屋用途变更导致案涉房屋不能正常使用，租客在此情况下径行解除合同也存在过错。综上，租客与业主对于《房屋租赁合同》未能继续履行均存在过错，双方应各自承担相应的责任。

一审法院判决：（1）确认租客与业主于2019年8月16日签订的《房屋租赁合同》于2019年10月30日解除；（2）业主于判决生效之日起10日内向租客返还押金71400元；（3）租客于判决生效之日起10日内向业主支付2019年10月1日至10月30日期间的租金共计23032.26元。

双方均不服一审判决，上诉后，二审法院维持原判。

【案例二】（2019）粤03民终8745号案

2015年9月30日，租客与业主签订租赁合同，约定：（1）业主将涉诉房屋出租给租客作为健康管理使用；（2）租赁期限为2015年10月10日至2018年10月9日；（3）业主应确保交付的该物业及其附属设施能实现租赁目的，业主要求提前退租或违反本合同其他约定，使租客无法实现承租目的的，业主须双倍退还租赁保证金给租客，且租客有权向业主请求其他损害赔偿，有权依据上述情形解除本合同；（4）租客支付租赁保证金后提前退租

的，业主有权没收租赁保证金，合同有效期内，租客应合理使用
该物业，不得擅自改变房屋结构或用途，否则业主有权没收租赁
保证金并单方解除合同。

2017年2月因租客无法办理营业执照、医疗机构执业许可证、
卫生许可证想要退租，双方发生争议。

2017年4月27日，租客向业主发出《告知函》，通知业主于
2017年4月23日终止双方租赁合同，并于2017年4月26日前配
合办理移交、退还租赁保证金、开具租金发票。业主拒绝为租客
办理放行条。租客主张其在太古城商场另行租赁了商铺经营新店，
原计划于2017年5月1日开业，因业主阻挠搬离，不得已推迟至
2017年5月21日开业。

租客向一审法院提出诉讼请求：（1）业主向租客双倍返还租
赁保证金共计192000元；（2）业主向租客赔偿因阻扰租客搬离案
涉房屋造成的直接经济损失共计255213元；（3）业主向租客提供
自承租之日所付租金对应的租赁发票；（4）本案诉讼费由业主负
担。上述诉讼请求共计447213元。

业主向一审法院提出反诉请求：（1）业主没收租客租赁保证
金96000元；（2）租客向业主支付租金57600元；（3）租客支付
业主为恢复房屋原状所支出的装修费用71213元；（4）由租客承
担本案诉讼费用。

一审法院认为：

（1）租客与业主签订的《房屋租赁合同》系双方真实意思表
示，合法有效，对双方当事人均有约束力。

（2）涉诉房屋的房产证明确载明房屋用途为住宅，业主作为
房屋所有人，对此明确知悉；租客在租赁涉诉房屋时查看了房产

证，也清楚房屋用途。出租人所负的保障租赁物符合租赁用途的义务，须在合法使用租赁物的前提下，而该案中，双方在明知租赁房屋为住宅的情况下，却违反登记用途，将租赁用途约定为商用，租客因此无法办理相关证照以经营合同约定的健康管理业务，致使租赁合同不能继续履行，对此，双方均负有过错。租客提出解除合同，业主也未表示异议，租客已搬离租赁房屋，故双方租赁合同实际已经解除，业主应将租客支付的租赁保证金96000元退还。据此，租客主张业主未确保交付的租赁房屋能实现租赁目的，请求业主双倍返还租赁保证金，业主以租客提前解约为由请求没收租赁保证金，俱无依据。

一审法院判决：（1）业主于判决生效之日起10日内退还租客租赁保证金96000元；（2）租客于判决生效之日起10日内向业主支付2017年4月10日至2017年5月3日的租金38400元。

二审法院对租赁保证金补充道：双方当事人在均明知案涉房产的性质为住宅的情况下，仍将其用作经营，周边业主也对此不满，租客代表与业主代理人周某在微信聊天中表示，"因为这里没有继续经营下去的可能性，业主举报了几次，我找了关系才消停了一段时间。"《物权法》第77条规定：业主不得违反法律、法规以及管理规约，将住宅改变为经营性用房。业主将住宅改变为经营性用房的，除遵守法律、法规以及管理规约外，应当经有利害关系的业主同意。双方均未提交证据证明案涉物业用于经营符合管理规约及有利害关系的业主同意。租赁合同不能继续履行，双方对此均负有过错。最终，二审法院维持原判。

从上述两个案例我们可以看到，深圳法院对于业主非法"住改商"的租赁合同仍确认合同合法有效，同时对于合同不能继续履行的责任则归结于双方。因此作为业主，应当尽量维持住宅原有使用用途，避免非法"住改商"，因为非法"住改商"不仅可能面临经济损失，还有可能面临其他业主的合法诉求甚至遭遇租客的恶意投诉。

另外一个问题也值得注意：《建筑物区分所有权纠纷解释》第11条将"有利害关系业主"限定为本栋建筑物内的其他业主，其他楼栋如主张有利害关系则须证明房屋、生活质量已经或者可能受到不利影响。如此则会出现一种状况，其他楼栋业主虽受住改商影响但却要举证实际或可能受损。

笔者认为，无论何种形式的"住改商"均系对现有生活秩序的改变甚至破坏，而本栋其他业主的一致同意并不能掩盖这种改变甚至破坏，还有出现极端的情况，如一栋业主全部将房屋用于"住改商"。且相对于本楼栋其他业主而言，其他楼栋业主至少在人数上更大程度代表了业主整体利益，因此这种举证责任的配置是否公平有待商榷。而关于证明房屋、生活质量受到不利影响的标准也存在认定困难。

【案例】（2020）浙01民终1814号案

在本案中尽管原告提供了证人证言以及大量的视频和照片以证明肯德基门店的中央空调、抽油烟机等严重影响其生活质量，但一、二审法院均以肯德基公司的油烟和噪声排放均符合国家标准为由，驳回了原告的诉求。

因此，为防止此类情况的出现，笔者认为，可以根据《民法典》第279条第1款"业主不得违反法律、法规以及管理规约，将住宅改变为经营性用房"的规定，由业主大会通过管理规约的方式规定一律不得"住改商"或者"住改商"须经全体业主一致同意，以减轻其他楼栋业主利益受损时的举证困难，同时笔者相信这也是最能代表全体业主利益的决议。

最后，我们应当关注的是行政机关在"住改商"中的作用，行政机关颁发营业执照的行为是行政许可行为，在未得到利害关系业主同意的情况下行政机关颁发营业执照的行为是否也侵害第三人权益，行政机关是否应当承担侵权责任？笔者认为，在法律明确规定"住改商"需要利害关系业主同意的情况下，行政机关应当对上述情况进行核实，如未经核实即颁发营业执照，应当承担未尽审慎审查义务的责任。并且行政机关对上述情况进行核实，也会减少实践中"住改商"引发的纠纷。

总结本文，（1）关于利害关系业主的认定，只要是同一栋的业主当然地被认定为利害关系业主，同时为避免其他楼栋受影响业主的举证困难，可通过决议的方式一律禁止"住改商"或者"住改商"须经全体业主一致同意；（2）业主如将住宅租赁给他人进行商业经营，应当注意防范相关法律风险，如：被租客投诉违建、偷税漏税，未经其他业主同意非法"住改商"导致承担违约责任及被其他业主起诉等。

本文结尾提两个小问题供读者思考：（1）法律明文规定限制"住改商"，那"商改住"可以吗？（2）利害关系业主同意"住改商"后，可以反悔吗？

必备法律知识⑦

买房不住放骨灰合法吗？
——谈"住改祭"的违法性

买房不住放骨灰即我们所说的"骨灰房"，"骨灰房"的兴起是因为近年来墓地价格飙升导致众多一线城市的居民到周边郊县购买商品房存放骨灰，多发生在距离一线城市较近的郊县。关于"骨灰房"的新闻，读者可以自行上网查找，本书不一一引证。

虽然深圳因高房价出现"骨灰房"的概率很小，同时该类事件多见于新闻，真正到司法阶段的案件并不多，但鉴于"骨灰房"引起问题的严重性，无论对于想要到周边郊县购买"骨灰房"的买家还是发现邻居不住人放着骨灰的业主，都有必要了解有关"骨灰房"的法律问题以及如何维权。因此笔者稍加论述如下：

我们思考第一个问题，买房不住放骨灰合法吗？

笔者一直秉承的"法无禁止即自由"的民法理念，目前没有任何一条法律明文规定禁止在住宅里面专门放骨灰而不住人，我们似乎可以得出买房不住放骨灰合法的结论。

但如果真的合法，大量"骨灰房"存在于生活的小区内将会出现什么情况，读者可自行想象，笔者不再描述。因此，朴素的社会主义价值观和正义感告诉我们买房不住放骨灰是不道德的。价值观是高于法律理念的，因此，我们应当寻求买房不住放骨灰违法的法律依据或理论支撑。

1. 依据《民法典》第8条规定：民事主体从事民事活动，不得违反法律，不得违背公序良俗。这是民法关于公序良俗的规定。公序良俗的概念包括两层意思：一是指公共秩序，包括社会公共秩序和生活秩序；二是指善良风俗，即由全体社会成员所普遍认可、遵循的道德准则。①

【案例】（2015）渝五中法民再终字第00043号案

父母和女儿共同出资约人民币27万元购买房屋，父母出资大部分，女儿出资剩余小部分，但出于对女儿的爱护，约定房屋所有权女儿占比90%，父母各占5%。后因装修问题，女儿与父母发生争执，女儿起诉要求变更房屋所有权为其100%所有，同时补偿父母2.8万元。

再审法院重庆第五中院认为，"百善孝为先"一直是中国社会各阶层所尊崇的基本伦理道德。孝敬父母乃"天之经、地之义、人之行、德之本"，是中国传统伦理道德的基石，是千百年来中国社会维系家庭关系的重要道德准则，是中华民族的传统美德。亲子之爱是人世间最真诚、最深厚、最持久的爱。父母将子女抚养成人，含辛茹苦，殊为不易。为人子女，应常怀感恩之心，不仅应在物质上赡养父母，满足父母日常生活的物质需要，也应在精神上赡养父母，善待父母，努力让父母安宁、愉快地生活。最

---

① 最高人民法院民法典贯彻实施工作领导小组.中华人民共和国民法典总则理解与适用[M].北京:人民法院出版社,2020:72.

终维持了一、二审法院的判决，即驳回女儿的诉求。

上述案例系关于善良风俗的案例。而关于"骨灰房"的问题，笔者认为其违背的是公共秩序中的生活秩序，即小区是生活的住所，而骨灰自有骨灰存放的地方。

2. 我们在必备法律知识 5 中提到，专有权人应当按照专有部分的原有用途进行使用。

如果说"住改商"只是引进了小区以外的外来人口，影响了小区的生活质量及管理安全难度，严重干扰和影响了其他业主的正常生活，那么"骨灰房"则无疑给小区业主带来了更大的困扰甚至心理阴霾。笔者也认为，买房不住放骨灰的行为属于观念侵害的一种，是侵害其他业主合法权益的行为。观念侵害是相邻一方利用不动产而使另一方感到精神上的不愉悦，包括在附近开设性用品店、停尸房、垃圾站等。[①]

同样，按照当然解释的方法，举轻以明重，连可能引入不是本小区人员的"住改商"都被一般性禁止，那么直接引入逝者的骨灰更应该被禁止。虽然"死者为大"，笔者也没有对逝者不敬，但毕竟房屋是用来居住生活的。

3. 《民法典》第 288 条规定：不动产的相邻权利人应当按照有利生产、方便生活、团结互助、公平合理的原则，正确处理相邻关系。而"骨灰房"既不涉及生产，又不是生活，还破坏邻里团结，因此，买房不住放骨灰这样严重破坏邻里关系的行为，从

[①] 齐恩平.业主权的释义与构建[M].北京:法律出版社,2017:168.

处理相邻关系问题的大方向出发应当予以禁止。

我们思考第二个问题，如发现邻居买房不住放骨灰，应当如何维权？

通常协商是我们解决问题的第一步，如无法正常沟通或协商一致，物业公司和业主委员会作为小区生活秩序的维护者，应当对损害生活秩序的行为予以制止；同时，住房和建设部门作为主管机关，对于小区内的违法行为也有监管职责；最后才是走司法途径。

必备法律知识 ⑧

经鉴定不危及房屋安全的装修就一定合法吗？
——谈违法装修

　　"住改商"或"住改祭"仅仅是对房屋用途进行改变，本身并不会危及建筑物安全，而业主基于对专有部分的所有权，可对专有部分进行内部装潢和适当改建，也即物理上的处分。但专有部分相互间在物理上不仅互相连接，而且使用上也有密切之相邻关系，彼此休戚相关，具有共同利益，所以区分所有权人就专有部分之用益或处分，与其他区分所有权人间自有较强之互相制约存在，主要表现在：

　　（1）不得危及建筑物安全，如对建筑物的不当损毁行为、在专有部分内放置危险物品；

　　（2）不得损害其他业主合法权益，如破坏住宅卫生和安宁，影响其他业主的正常生活休息。①

　　我国关于房屋装修的主要法律规定如下：

_____

① 最高人民法院民法典贯彻实施工作领导小组.中华人民共和国民法典物权编理解与适用（上下）[M].北京:人民法院出版社,2020:342.

1.《民法典》第272条规定：业主对其建筑物专有部分享有占有、使用、收益和处分的权利。业主行使权利不得危及建筑物的安全，不得损害其他业主的合法权益。

第286条第2款规定：业主大会或者业主委员会，对任意弃置垃圾、排放污染物或者噪声、违反规定饲养动物、违章搭建、侵占通道、拒付物业费等损害他人合法权益的行为，有权依照法律、法规以及管理规约，请求行为人停止侵害、排除妨碍、消除危险、恢复原状、赔偿损失。

第三款规定业主或者其他行为人拒不履行相关义务的，有关当事人可以向有关行政主管部门报告或者投诉，有关行政主管部门应当依法处理。

2.《建筑物区分所有权纠纷解释》第15条规定：业主或者其他行为人违反法律、法规、国家相关强制性标准、管理规约，或者违反业主大会、业主委员会依法作出的决定，实施下列行为的，可以认定为民法典第286第2款所称的其他"损害他人合法权益的行为"：（1）损害房屋承重结构，损害或者违章使用电力、燃气、消防设施，在建筑物内放置危险、放射性物品等危及建筑物安全或者妨碍建筑物正常使用；（2）违反规定破坏、改变建筑物外墙面的形状、颜色等损害建筑物外观；（3）违反规定进行房屋装饰装修；（4）违章加建、改建，侵占、挖掘公共通道、道路、场地或者其他共有部分。

3.《物业服务纠纷解释》第1条规定：业主违反物业服务合同或者法律、法规、管理规约，实施妨碍物业服务与管理的行为，物业服务人请求业主承担停止侵害、排除妨碍、恢复原状等相应民事责任的，人民法院应予支持。

4.《住宅装修办法》第5条规定：住宅室内装饰装修活动，禁止下列行为：（1）未经原设计单位或者具有相应资质等级的设计单位提出设计方案，变动建筑主体和承重结构；（2）将没有防水要求的房间或者阳台改为卫生间、厨房间；（3）扩大承重墙上原有的门窗尺寸，拆除连接阳台的砖、混凝土墙体；（4）损坏房屋原有节能设施，降低节能效果；（5）其他影响建筑结构和使用安全的行为。

本办法所称建筑主体，是指建筑实体的结构构造，包括屋盖、楼盖、梁、柱、支撑、墙体、连接接点和基础等。

本办法所称承重结构，是指直接将本身自重与各种外加作用力系地传递给基础地基的主要结构构件和其连接接点，包括承重墙体、立杆、柱、框架柱、支墩、楼板、梁、屋架、悬索等。

第6条规定：装修人从事住宅室内装饰装修活动，未经批准，不得有下列行为：（1）搭建建筑物、构筑物；（2）改变住宅外立面，在非承重外墙上开门、窗；（3）拆改供暖管道和设施；（4）拆改燃气管道和设施。

本条所列第（1）项、第（2）项行为，应当经城市规划行政主管部门批准；第（3）项行为，应当经供暖管理单位批准；第（4）项行为，应当经燃气管理单位批准。

第7条规定：住宅室内装饰装修超过设计标准或者规范增加楼面荷载的，应当经原设计单位或者具有相应资质等级的设计单位提出设计方案。

第8条规定：改动卫生间、厨房间防水层的，应当按照防水标准制订施工方案，并做闭水试验。

第13条规定：装修人在住宅室内装饰装修工程开工前，应当向物业管理企业或者房屋管理机构申报登记。非业主的住宅使用人对住宅室内进行装饰装修,应当取得业主的书面同意。

我们来看一个 2000 年第 5 期最高人民法院的公报案例,也是笔者认为值得读者仔细阅读的案例,尤其是二审法院说理部分。

【案例】底商增设夹层案

南京市鼓楼区某小区为 6 层商住楼,1 层为底商,2—6 层为住宅。原告为住宅业主,被告为底商业主。

1998 年 3 月,被告为增加经营面积,在房屋内增设夹层,把钢筋砼框架柱之间的填充墙全部拆除,将地面下挖 0.9—1.2 米深,使部分地梁裸露。同年 6 月被告委托南京市房屋安全鉴定处(以下简称安鉴处)就其增建夹层的安全性进行鉴定,结论为:夹层施工对楼房主体未造成明显的结构性损坏,目前不影响居住和使用安全,但夹层的设计、施工中存在问题,建议委托有资质的单位进行设计、施工。此后,被告按照安鉴处提出的要求进行了整改,并于同年 9 月再次委托安鉴处对其增建夹层的新设计方案进行鉴定,结论为:现经持证设计单位出具的正规施工图,能满足安全使用要求,建议施工期间加强监督,确保工程质量。同年 11 月,经江苏省建设委员会抗震办审核,同意被告的增建夹层方案;经南京市公安局鼓楼区分局消防科审核,同意被告按所报图纸进行施工。

原告不同意被告按照设计方案施工,于 1999 年 1 月提起诉讼。

原告诉称:被告擅自在其底层拆改装潢,为架设夹层而深挖屋内地面将基础梁暴露在外,用膨胀螺栓把槽钢固定在楼房框架和四周墙体上，明显加大了楼房主体的负荷。被告的行为致使原告的住宅墙体开裂，层面渗水，水管漏水，严重影响了原告的居住安全。被告的行为侵犯了原告作为产权人的合法权益。请求判令被告恢复房屋原状，并对受损的楼房主体结构和给排水系统采取补救加固措施。

被告辩称：我是在自己的产权范围内对属自己所有的房屋进行装潢改造，所有工程都是经过有资质的设计单位设计、报有关行政机关批准后进行的，并且得到了房屋安全鉴定机关的鉴定认可，根本不侵犯原告的权益。原告所称的损害是楼房质量问题，与我的装潢改造无关。原告所诉无理，应当驳回。

对原告更不利的消息是：审理期间，被告领取了南京市规划局颁发的准予在案涉房屋内增建夹层的建设工程规划许可证。法院委托安鉴处对原告住房损坏的情况进行鉴定，结论为：该楼房属基本完好房屋，出现的墙面瓷砖、拼板、阴角等处裂缝问题，并非因被告增建夹层造成。建议被告对底层公共部位大平台楼梯间的墙体裂缝用高标号水泥砂浆粉刷，对地梁露筋部位做好保护层。

一审法院认为：《民法通则》第83条规定，不动产的相邻各方，应当按照有利生产、方便生活、团结互助、公平合理的精神，正确处理截水、排水、通行、通风、采光等方面的相邻关系。给相邻方造成妨碍或者损失的，应当停止侵害，排除妨碍，赔偿损失。原告与被告属不动产的相邻各方，应当按照法律的规定正确处理好相邻关系，共同维护所在楼房的安全。被告在自己的产权范围内增建夹层，新的方案是由有资质的部门设计，并得到建设工程规划和抗震、消防等行政主管机关的审核同意。被告如能在严格监督下按照批准的施工质量标准组织施工，楼房的安全是有保障的。原告主张2—6层房屋的损坏是因被告增建夹层所致，被告已经提供了与己无关的证据，原告再没有提出反证。对原告基于这一理由提出的诉讼请求，不予支持。因施工对相邻方造成干扰，被告自愿给原告住户每户补偿1000元，应予准许。

一审法院遂判决：（1）被告对楼房底层公共部位大平台楼梯间墙体裂缝部位用高标号水泥砂浆粉刷，对地梁露筋部位做好保护层，疏通下水管道。由原被告共同委托监理部门负责现场监理，监理费用由被告负担。（2）被告给付原告每户1000元补偿费。

原告不服上诉至南京中院，二审法院认定了一审法院认定的事实，但就被告是否侵害原告权益作出如下认定：

（1）原被告结成不动产的相邻各方。不动产相邻权是对不动产所有权的限制和延伸，是与不动产所有权有关的财产权利。没有不动产所有权，则谈不上不动产相邻权。因此要正确解决不动产相邻纠纷，就必须正确把握相邻各方的不动产所有权形态。

（2）过去我国房屋所有权的形态是，一幢独立的房屋由一个人所有（即一物一权）。随着住房制度的改革，一幢独立的房屋由多人所有（即一物多权）的现象越来越普遍。

房屋建设投资者建立的一幢独立房屋，必须具有基础、框架、承重墙体、隔板、顶盖、走道、阶梯、门窗、各种管线以及必要的活动场所等，才可能区分出供不同的人分别独立使用的一定空间。这两部分必须结合在一起，房屋才能独立存在。而只有该房屋独立存在，供人分别独立使用的一定空间才能发挥其功能。当一幢独立房屋具备了可供区分出独立使用一定空间的物质条件，房屋建设投资者将这些空间分别转让给不同的购买者，从而使这幢房屋为多人所有，房屋的建筑特点决定了每个所有权人取得的是房屋区分所有权，这是与一物一权形态下的房屋所有权不完全相同的权利。在转让房屋区分所有权的合同中，虽然只载明转让可供区分使用的空间（以下简称专有部分），但这不意味着基础、框架、承重墙体、隔板、顶盖、走道、阶梯、门窗、各种管线以及必要的活动场所等部分（以下简称共用部分）没有转让。如果没有共用部分的转让，则专有部分不会成为可供转让的财产所有权客体。只是由于共用部分必然随专有部分一起转让，所以无须在转让合同中对随同转让的共同部分一一登记。

（3）房屋区分所有权首先是指全体区分所有权人对整幢独立房屋以及房屋内所有共同设施的共有权，其次是指每一个房屋区分所有权人对特定空间的专有权。房屋区分所有权中的共有权，是一种不可分割、只能随同专有权的转让而转让的权利。权利人有权按照共用部分的种类、性质、构造、用途正当使用共用部分，有权分享整幢房屋或者房屋的共用部分产生的收益，有权制止对整幢房屋或者房屋共用部分的任何侵害。权利人在享有权利的同时须尽的义务是：维持共用部分现状，不得请求分割；维护共用部分的正常使用状态，不得侵占、改动或破坏；负担合理分摊的维护共用部分正常使用所需的费用。在这种权利形态下，由于整幢房屋以及房屋内所有共用设施为全体区分所有权人共有，全体区分所有权人需要对整幢房屋享有权利、承担义务，他们在此可以形成团体的法律关系；由于房屋的特定部分为各区分所有权人专有，区分所有权人需要对其专有部分行使权利和承担义务，因此区分所有权人与其他人形成区域所有的法律关系；由于各个区分所有权人都对特定的空间享有相当于独立房屋所有权的权利，每个区分所有权人对与其相邻的其他不动产所有权人形成相邻法律关系。

（4）案涉小区是由原被告区分所有。各区分所有权人既对各自的专有部分享有独立的所有权，又对整幢楼房及其共用部分享有共有权。专有部分，是指由建筑材料组成的四周上下均为封闭的建筑空间。除此以外，房屋的其他部分（包括底层地板以下的掩埋工程）应属共用部分。对共用部分的任何改动，应以不违背共同利益为前提，并须经全体区分所有权人同意，否则即构成对其他权利人共有权的侵害。

被告虽然是在其专有部分增建夹层，但是其增建夹层的行为利用了属于共用部分的梁、柱和地板以下的掩埋工程，使梁、柱的负载加大，地梁裸露，是对共用部分的非正常使用，影响到全体区分所有权人的共同利益。被告增建夹层的行为虽然得到行政机关的批准，但这只能说明行政机关从行政管理的角度看，不认为该行为能给社会造成危害，可以实施。由于增建夹层需要利用房屋的共用部分，而房屋共有部分的所有权由全体区分所有权人享有，不是由批准的行政机关享有，因此增建夹层的行为应否实施，必须由被告征求全体区分所有权人的意见。被告以是在自己的产权范围内对属自己所有的房屋进行装潢改造为由提出没有侵权的辩解，不能成立。无论原告的房屋是否损坏，也无论该损坏是否与被告有关，被告在没有征得全体区分所有权人同意的情况下，就利用共用部分给自己增建夹层，侵害了其他区分所有权人的共有权。故原告以被告侵犯了产权人合法权益为由提出的上诉，应予支持。被告应当拆除夹层，将下挖的部分恢复原状。原审判决对各方当事人的房屋所有权形态未作分析，就以相邻权的法律规定解决本案纠纷，是适用法律不当。原审判决被告用高标号水泥砂浆粉刷底层共用部位大平台楼梯间的墙体裂缝，对地梁露筋部位做好保护层和疏通下水管道，是正确的；但以原告的房屋损坏与被告无关为由，判决不予支持原告的诉讼请求，是错误的，应当改判。

据此，南京中院依照《民事诉讼法》第 153 条第 1 款第（1）项、第（2）项的规定，于 2000 年 7 月 21 日判决：被告于本判决生效之日起 60 日内，拆除案涉房屋的夹层，将下挖的部分恢复原状，由原告会同被告共同委托监理部门负责施工现场的监理，监理费用由被告负担。

本案是 2000 年的一个案件，而我国关于建筑物区分所有权的规定系 2007 年《物权法》颁布后才逐步发展起来的，并没有直接的法律依据认定被告行为违法，因此建筑物区分所有权理论在本案发挥了重要作用。上述二审法院说理部分与目前我国建筑物区分所有权规定相契合，有学者评论："这是一起关于建筑物区分所有权人对共用部分所有权与使用权行使权利发生的纠纷。也是我国法院审判中第一起使用建筑物区分所有权理论处理相邻纠纷的案件。"随着我国住房制度的改革，多人共同拥有一栋建筑物的现象越来越普遍，区分所有权人因房屋而发生的纠纷，仅依我国《民法通则》关于相邻关系的规定已不能解决。为此，二审法院审理时引入了建筑物区分所有权理论，这在审判实践上是一次新的尝试。虽然我国目前尚未制定建筑物区分所有权法，但原建设部发布的《城市房屋规定》（1990 年 1 月 1 日生效，2011 年 1 月 26 日废止）对建筑物区分所有权已有所涉及，其中第 8 条规定：一方所有人如需改变共有部位的外形或结构时，除须经城市规划部门批准外，还须征得其他所有人的书面同意。此外，根据建筑物区分所有权理论，对于共有部分，被告不能像对其单一所有权的建筑物那样任意改动或损害，仍应服从共同利益。①

笔者认为，按照原《物权法》的规定：（1）对于专有部分，业主享有占有、使用、收益、处分的权利，只要不危及建筑物安全，也没有损害其他业主合法权益即可；（2）而对于共有部分，业主享有共同所有和共同管理的权利，这就意味着业主有权按照共有部分的种类、性质、构造、用途正当使用共有部分，有权分享整幢房屋或房屋共有部分产生的收益，有权制止对整栋房屋或者房屋共有部分的任何侵害。同时，业主不得以放弃权利而不履行义务，其须尽的义务有：维持共有部分的现状，不得请求分割；维护共有部分的正常使用状态，不得侵占、改动或破坏；负担合理分摊的维护共有部分正常使用所需的费用。

我们会发现业主对共有部分的义务是远高于对专有部分的义务的。这不难理解，毕竟自家的东西只要不影响他人即可，而共有的东西则经常需要共有人同意方可使用。因此，对共有部分的任何改动，应以不违背共同利益为前提，并须经全体区分所有权人同意，否则即便经过了相关部门的许可且也不影响建筑物的安全，也可以构成对其他权利人共有权的侵害。这也涉及行政合法而民事侵权的问题，也即行政合法性不当然地推定民事合法，就像即便颁发了营业执照，未经利害关系业主同意的"住改商"同样违法。

---

① 金俭.中国住宅法研究[M].北京:法律出版社,2004:149-152.

　　关于本案的内容介绍到此，不知道读者是否发现一个问题？本文的主题是业主行使专有权的限制，却举了一个不危及建筑物安全但利用共有部分的案例。笔者之所以做这样的安排，是因为：首先，一审判决败诉很重要的一个原因是并没有区分专有部分和共有部分；其次，虽然法律可以对纠纷类型进行明确划分，但生活是丰富多彩的，法律纠纷并不会根据法律的规定单独发生，很多时候有关专有部分、共有部分、相邻关系、业主委员会、物业管理、开发商等纠纷是互相掺杂在一起的，如业主不当装修可能导致共有部分及其他业主专有部分损害，此时业主委员会、物业管理企业有职责进行制止并进行维权，同时施工单位也应承担相应责任；又如业主因不满物业服务欠缴物业费，物业公司擅自停水停电甚至限制业主出入小区，限制业主知情权，而业主大会又对欠缴物业费的业主表决权以及参选业主委员会委员进行限制等；再如开发商将共有部分房顶的使用权赠与顶楼业主，顶楼业主私自圈占房顶，其他业主及物业要求拆除。

　　因此本案例虽系因改动共有部分而引发的纠纷，但对于业主违反专有权使用限制，如违规将没有防水要求的卧室改为有防水要求的浴室以及业主违规变更房屋格局、不当装修等行为的处理具有很强的参考意义。而关于业主违规装修导致其他业主损害的问题并不复杂，受损业主仅需按照正常司法流程进行维权即可，笔者不再举例赘述。

必 备 法 律 知 识 ⑨

房子卖了还可以当业主委员会主任吗？

——论权利的整体转让

整体转让的限制是法律处分的限制，简单来讲就是，如果业主转让房屋则对小区共有部分的共有权以及成员权一并转让，不允许发生房屋转让了的同时又保留业主共有权和成员权的情形，也即房屋转让后，业主的专有权、共有权、成员权一并消失，这是业主权利整体转让逻辑的必然要求。

法律规定主要体现在：

1.《民法典》第273条第2款规定：业主转让建筑物内的住宅、经营性用房，其对共有部分享有的共有和共同管理的权利一并转让。

2.《深圳物业条例》第39条规定：除任期届满外，业主委员会委员、候补委员有下列情形之一时，其职务自行终止，由业主委员会公示，并向业主大会报告：（1）不再是本物业管理区域的业主；（2）丧失民事行为能力；（3）因犯罪被判处刑罚；（4）存在本条例第38条所列禁止行为且受到行政处罚；（5）以书面形式向业主大会或者业主委员会提出辞职之日起一个月后。

因此，房子卖了不仅业主委员会的主任当不了，任何跟小区有关的身份和职务都不允许存在，同时关于业主的共有部分也不允许保留。本文问题答案比较清晰，实践中多发的系转让房屋时保留特定部分，如租赁的共有车位、分割的共有储藏室等。

我们先看一个最高人民法院 2021 年 08 期的公报案例：

【案例】（2020）苏 0115 民初 12943 号案

2016 年 2 月 21 日，原告与被告签订房屋买卖合同，向被告购买了南京某小区的房屋。2020 年，因城市文明建设，原告得知单元的全体业主于 2007 年 8 月即把单元地下室分割成了小地下室，但被告未向原告告知该情况，也未向原告交付小地下室，而是继续占有使用。原告遂诉至法院要求被告交付小地下室并支付占用小地下室的费用。

法院认为：从维护小区公共秩序和业主利益的角度来说，业主转让专有部分时，不仅应对共有部分享有的共有和共同管理的权利一并转让，而且应基于业主共同管理合意所单独使用的共有部分的使用权也应当一并转让，既有的共同管理合意对新业主仍然有效，原业主应当协助将其单独使用的共有部分交付于新业主。

最终法院判决，被告交付小地下室给原告使用，并且按照每月 180 元的标准支付占用费。

我们再来看一个深圳的案例：

【案例】（2018）粤03民终23713号案

胡某于2003年购得福田区某小区的一套房屋，并与开发商签订了两份《地下车库固定停车位租用协议书》，约定胡某分别缴纳6万元的租金后，即可拥有地下一层x号、y号固定车位的长期使用权，使用期限到2069年1月29日止，车位只能用于停放车辆，不得作其他用途；开发商仅提供车位使用权，胡某同意接受物业管理公司的统一管理，并每月向其缴纳相应的管理费。

2015年4月，胡某将房屋转让给他人，不再是小区的业主。但胡某转让该房屋时，未将上述两个停车位的使用权一并转让，而是转租给小区的其他租户。

2017年10月20日，小区业主委员会向物业公司发函称，小区现有10个固定长租车位合同持有者，已经出售了本小区的房产，已不属于本小区业主，但其持有的固定长租车位收益权和使用权并未随房产一并转让。我国《物权法》第72条第2款规定：业主转让建筑物内的住宅、经营性用房，其对共有部分享有的共有和共同管理的权利一并转让。本会认为：开发商把车位以长租形式与业主签订的长租车位合同，首先是基于满足业主优先的原则和业主的基本条件。如果不具备了业主的身份，其持有的固定长租车位使用权和收益权当然应该跟随房产一并转让，或将车位使用权和收益权退还给开发商。本会反对给不是业主但持有固定长租车位合同的车位挂牌，反对物业公司允许其出租牟利。为了和谐社区的发展，业委会同意以上所述这类固定长租车位由物业统一管理，并满足每个车位每月160元（税前）的收益。

物业公司及开发商及时作出回应，2017年11月，案涉的两个车位被物业公司收回，胡某及承租车位的租户无法使用该车位。

胡某遂将开发商、物业、业主委员会诉至福田法院，要求返还两个车位的使用权并赔偿损失 1 万元。

一审法院认为，车位作为小区建筑物的配套设施，其使用对象、使用用途受到了一定的限制，使用对象业主优先，使用用途为停放汽车。胡某与开发商签订《地下车库固定停车位租用协议书》时，胡某是小区业主，其有权承租、使用小区的车位。但胡某于 2015 年 4 月将其房产转让后，已不是小区业主。其在《地下车库固定停车位租用协议书》中的承租权基础已不存在，由于胡某不是小区业主，该协议已不能履行，因此胡某诉请开发商、业主委员会、物业公司公示返还案涉车位的长期使用权和转租权并赔偿损失，不符合法律规定，一审法院予以驳回。胡某不服上诉至深圳中院。

二审法院认为，规划车位、车库应当首先满足业主的需要，胡某作为非小区业主，不具备合理的在案涉小区内停车的需要，无权继续使用该小区车位。因此，二审法院也驳回胡某的上诉请求，维持原判。

本案实际是业主转让房屋后私自截留车位使用权，业主委员会及物业公司依法纠正该违法行为后，违法业主的无理由诉讼。

从上述两个案例得到的经验是，首先我们在购买房屋时应全面了解小区业主共有权的部分，以及共有部分是否设置专用使用权，以防卖家保留共有部分；其次应了解本小区是否存在不是本小区业主享受本小区业主权利的情形存在，以维护小区全体业主的利益。

权利整体转让的问题并不复杂，笔者简单阐述如上。

必备法律知识⑩

小区均价 7 万元，可以 5 万元卖吗？
——论低价售房

近几年中国房地产市场风谲云诡，同一个小区，开发商一期毛坯卖 20000 元 / 平方米，半年后二期带精装修卖 16000 元 / 平方米，一期业主集体维权大骂开发商无良；同小区二手房从 10000 元 / 平方米涨到 40000 元 / 平方米，然后有人 28000 元 / 平方米成交，其他业主投诉其偷税漏税，甚至涉嫌行贿等。这样的新闻不胜枚举，大家对低价卖房观点也是不一，读者可自行上网搜索，笔者不再举例。之所以出现上述情形，笔者认为其根源还是国人还抱有房产价格会永远上涨的执念。

从目前法律规定看，开发商作为房屋的所有权人对房屋具备完全的处分权，其定价只要不违反《价格法》及相关主管部门的规定即可，而对业主出售其二手房的价格限制更是少之又少。其根本原因是商品价格本身是浮动的，市场经济情况下，没有任何一个商品的价格是永远上涨的，而且对自己财产的处分他人是无权干涉的，这也是所有权的必然要求。同时目前关于房屋买卖的问题，也仅仅限制房屋专有权、共有权、成员权一起转让，不得进行分割。因此，如发生其他业主投诉、阻挠等情形，业主自然可以拿起法律武器维护自己的权益。

因此，小区均价 7 万元，不要说挂 5 万元，挂多少都可以，他人无权干涉。

另据笔者经验，低价转让房屋只有在一种情况才可能被撤销，即业主为恶意逃避债务将其房屋低价转让致使业主的债权人的债权得不到清偿。简单举例：业主对外欠债 200 万元，房产净值 250 万元，然后原业主将房屋以半价 125 万元卖给第三人，导致业主 75 万元的债务还不上，此时业主的债权人即可申请撤销该笔房屋买卖，属于债权人撤销权的范围。

鉴于低价卖房恶意逃债的现象频发，作为业主也应了解此种情形的法律风险和救济途径，笔者论述如下：

债权人撤销权是指债权人对于债务人所为的危害债权的行为，可请求法院予以撤销以维持债务人责任财产的权利。[①]

《民法典》第 538 条规定：债务人以放弃其债权、放弃债权担保、无偿转让财产等方式无偿处分财产权益，或者恶意延长其到期债权的履行期限，影响债权人的债权实现的，债权人可以请求人民法院撤销债务人的行为。

《民法典》第 539 条规定：债务人以明显不合理的低价转让财产、以明显不合理的高价受让他人财产或者为他人的债务提供担保，影响债权人的债权实现，债务人的相对人知道或者应当知道该情形的，债权人可以请求人民法院撤销债务人的行为。

上述条文源于原《合同法》第 74 条第 1 款：因债务人放弃其

---

① 韩世远.合同法总论[M].北京:法律出版社,2018:453.

到期债权或者无偿转让财产，对债权人造成损害的，债权人可以请求人民法院撤销债务人的行为。债务人以明显不合理的低价转让财产，对债权人造成损害，并且受让人知道该情形的，债权人也可以请求人民法院撤销债务人的行为。

仅就低价转让房产的情形而言，原《合同法》要求受让人必须知道债权人受损的事实，现《民法典》仅要求受让人知道或应当知道影响债权人实现债权的情形，门槛更低，更加有利于保护债权人的合法权益。

我们看下面一个简单的案例。

【案例】（2021）粤0306民初7号案

张某诉罗某甲民间借贷一案，2017年7月6日宝安法院作出（2017）粤0306民初8701号民事判决，确认罗某甲应归还张某借款本金250万元及利息（按照年化24%自2016年9月16日起算）。后双方达成执行和解，用罗某甲的小产权房抵账220万元，已完成过户，剩余30万元分两笔归还，如罗某甲按期归还则张某申请结案，如罗某甲未按期归还，张某可要求按原判决支付利息。后又签署还款协议书，确认尚欠20万元，分两笔归还，如罗某甲按期归还则张某申请结案，如罗某甲未按期归还，张某可要求按原判决恢复执行，要求罗某甲支付利息。

2017年3月16日，在张某诉罗某甲民间借贷一案期间，罗某甲和罗某乙各将其所有的某小区房产份额的50%卖给罗某甲之子罗某丙，房屋建筑面积167.45平方米，总价413万元。

鉴于罗某甲未按期归还借款，张某要求按照原判决执行，支付本金和利息，并诉至宝安法院要求撤销罗某甲出售50%房产份额的行为，起诉后罗某甲支付剩余 20 万元欠款本金。

根据案件举证情况，法院认为：（1）案涉房产买卖双方为父子关系，对于双方交易是否真实、价格是否合理应作严格审查；（2）在有债务未清偿的情况下，罗某甲将其名下房产转让给其子罗某丙，罗某甲有责任提供证据证明其转让房产的行为真实且转让价格合理。但是，实际情况是，罗某丙取得案涉房产后向银行抵押贷款，贷款资金的流向混乱，罗某甲、罗某丙提供的证据不足以证明罗某丙向罗某甲、罗某乙实际支付了购房款，应承担举证不能的不利后果。罗某甲、罗某丙的行为损害了债权人张某的权益，张某请求撤销罗某甲与罗某丙之间转让房产的合同，符合法律规定，本院予以支持。

最终法院判决：撤销罗某甲与罗某丙于 2016 年 12 月 18 日签订的《二手房买卖合同》中关于罗某甲向罗某丙转让房产 50% 份额的部分；罗某丙应于本判决生效之日起 10 日内将房产 50% 的份额变更登记至罗某甲名下。

本案罗某甲存在为逃避债务恶意转让房产的情况。笔者认为，在罗某甲与其债权人张某民间借贷案期间，罗某甲即开始转让房屋，在其债权人张某已经作出让步的情况下因仅剩的 20 万元债务导致其过户行为被撤销实属因小失大、得不偿失。诚然，趋利避害是人的本性，只有学法懂法用法，才能保证自身行为的合法性，并保证自己的行为预期不至于落空。

必备法律知识 11

阳台上的花盆有什么问题？

——论专有权伴随的法律风险

在必备法律知识 3 中，笔者举例业主玻璃掉落砸坏楼下汽车，最终业主承担侵权责任的案件。同理，如阳台上放花盆或其他物品，无论是天气原因还是业主原因导致花盆或其他物品掉落，无论是砸伤人还是砸坏物品，业主均面临承担侵权责任的可能，这就是本文专有权伴随的法律风险。

原《侵权责任法》第 85 条、《民法典》第 1253 条规定：建筑物、构筑物或者其他设施及其搁置物、悬挂物发生脱落、坠落造成他人损害，所有人、管理人或者使用人不能证明自己没有过错的，应当承担侵权责任。所有人、管理人或者使用人赔偿后，有其他责任人的，有权向其他责任人追偿。

上述两个条文内容一致，体现了法律的稳定性和延续性，系侵权责任法中建筑物、构筑物、搁置物、悬挂物致人损害适用过错推定原则的规定。

笔者做如下简单解读：（1）一旦发生损害，先推定所有人、管理人或者使用人有过错；（2）如果所有人、管理人或者使用人不能证明自己没有过错，所有人、管理人或者使用人就应当承担责任，所有人、管理人或者使用人的免责条件只有证明自己没有过错；（3）上述条文并未涉及受害人过错的情形，因此即便受害人有过错也不承担责任，并且受害人有过错也不减轻所有人、管理人或者使用人的责任。

这样的规定相较于一般侵权以及动物致人损害，如受害人存在过错可以减轻加害人责任更严格。因此，我们可以看出，法律对于建筑物、构筑物或者其他设施及其搁置物、悬挂物发生脱落、坠落造成他人损害的案件，对所有人、管理人或者使用人的要求是非常苛刻的，这就给业主带来了难以预料的风险。我们来看两个案例。

【案例一】（2013）深中法民终字第 2491 号案

2011 年 6 月 1 日业主郭某将其新建房屋出租给二房东陈某，约定陈某在承租期间，必须保障郭某房屋财产安全，注意安全防火用电用气安全，保障自身生命财产安全，排查安全隐患，杜绝一切意外事故发生。在承租期间，若发生任何事故，一切责任由陈某负责，郭某不承担任何责任及赔偿。

后陈某将其中一间房租给黄某，2012 年 7 月 13 日黄某在阳台打扫卫生，在抬起阳台防盗网上的木板擦灰时，不慎将阳台上的两片 50 厘米宽的方形瓷砖碰落至楼下，砸中楼下超市门口的莫某，后莫某经抢救无效死亡。莫某继承人将业主郭某、二房东陈某、租客黄某诉至宝安法院。

一审法院认为：郭某将整栋楼整体出租给陈某，陈某将其中一间房出租给黄某，因此黄某为房屋使用人，郭某为房屋所有人，陈某为房屋管理人。被侵害人因房屋内阳台防盗网上搁置的瓷砖被黄某轻触跌落砸伤致死，其所有人、管理人或者使用人不能证明自己没有过错的，应当承担侵权责任。

黄某作为使用人，在打扫卫生时对阳台防盗网上的搁置物未尽到适当的注意义务，没有注意到其触动木板的行为会引起紧挨着木板的瓷砖跌落，更没有想到会砸伤路人，因此，其应当承担此次损害事故的主要责任，法院酌定其应当承担70%的赔偿责任。郭某作为房屋所有权人，其不能举证证明该房屋阳台上的瓷砖及木板不是其在将房屋交付给陈某之前放置，即其不能证明自己对人身损害事件无过错，且该栋房屋是给其带来直接利益的物件，在享有利益的同时就要对其所造成的损害后果承担义务。作为临街楼宇，行人过往频繁，其在设计建筑楼宇时应当能想到凸出的阳台会给街道上来往甚密的人群带来现实的威胁。作为房屋所有人，其未采取必要的建筑设计措施避免该类事故的发生，因此，法院认为郭某作为房屋所有人应当承担此次事故20%的赔偿责任。陈某作为管理人，同样不能举证证明阳台上的搁置物不是其放置的，因此应承担10%的赔偿责任。

最终法院判决：（1）租客黄某赔偿人身损害赔偿费人民币459682元及精神损害抚慰金人民币70000元；（2）业主郭某赔偿人身损害赔偿费人民币181388元及精神损害抚慰金人民币20000元；（3）二房东陈某赔偿人身损害赔偿费人民币85669元及精神损害抚慰金人民币10000元。

后租客黄某不服诉至深圳中院，深圳中院最终也维持原判。

在上述案例中，我们对莫某的遭遇表示痛心，并提醒读者一定要注意头顶安全。同时，本案中业主郭某也因租客的一个过失赔偿了20多万元，为高层业主保护他人头顶安全敲响了警钟。

【案例二】（2018）粤 0310 民初 1627 号案

2018 年 9 月 16 日台风"山竹"到访深圳，坪山某小区屋顶业主加建的雨棚在"山竹"的侵袭下被吹落，砸到了相邻建筑的阳台和楼下的汽车。原告遂将该业主诉至坪山法院，要求赔偿原告修理汽车和防盗网费用。

原告认为，被告在市三防办告知超强台风"山竹"即将吹袭深圳的情形下，应当对自己房屋建筑不稳定的部分进行及时加固，且吹落部分属于违法建筑，被告更应该及时将该违法建筑清理出楼顶以免造成祸患。

被告辩称，台风属于典型的不可抗力，所谓的不可抗力是不能预见，不能避免，并不能克服的客观情况，自己及村民的房屋在台风来袭时都存在不同程度的毁损，台风对财产的毁损不因财产的性质而有所分别，原告在台风来袭之前理应把车辆停放在地下车库等安全场所，毕竟车辆是动产，可以移动，而不能因为原告的车辆停放在小区而要求被告或其他村民将不动产房屋移走。原告对其车辆的毁损存在过错，理应承担不利后果，被告不应该对原告车辆毁损承担任何责任。

经查实，2016 年坪山土地监察大队一中队曾查处过被告楼顶违法搭建铁皮棚的行为；法院向深圳市坪山区规划土地监察局调取了被告楼顶"山竹"台风来临前的状况，无人机影像图显示，2018 年 9 月 5 日被告楼顶有六分之五的面积仍覆盖有铁皮棚。

法院认为：（1）现有证据足以证实被告屋顶铁皮棚系违法搭建且被政府土地监察机关依法查处过的事实，对违法建筑物、构筑物，被告应当拆除并将残留物彻底清理，被告未提交证据证明其已对铁皮棚进行清理或加固，因而对损害的发生不存在过错。相反，根据土地监察机关提供的无人机影像图，台风来临前，被告显然没有对铁皮棚进行彻底的拆除清理，被告对造成原告车辆被铁皮棚砸损存在过错，应当承担损害赔偿责任；（2）不可抗力是人力不可抗拒的外在力量，即不能预见、不能避免，并不能克服的客观情况，是当事人非主观意志所能支配的外在现象。在气象等相关科学高度发达的今天，"山竹"台风虽不能避免，但显然是可预见的，通过采取适当措施，台风造成的影响和破坏能够减小到最低程度，甚至可以避免。本案被告在屋顶违法加建铁皮棚，在被政府土地监察部门查处后仍不予以拆除清理，置危害后果于不顾，台风来临时，也不采取有效措施避免事故的发生，没有尽到法定注意义务，因而不能免责。

最终法院判决，被告支付原告汽车修理费 12160 元。关于防盗网修理费，因原告未提供证据，法院未予支持。

通过上述两个案例笔者认为：作为业主，首先，在自己使用房屋过程中，应当尽量保证专有部分的合法、安全，尤其是阳台、落地窗等容易对楼下造成损害的部分，同时在台风天气应加强维护；其次，在出租时应当将以上注意事项着重告知客户并写入租赁合同，同时确认所交付的专有部分符合安全使用的标准。只有这样才能最大限度地避免可能要承担的法律责任。

除了上述适用过错推定带来的难以预料的法律风险外，专有权还伴随着"疑罪从有"的风险。

原《侵权责任法》第 87 条规定：从建筑物中抛掷物品或者从

建筑物上坠落的物品造成他人损害，难以确定具体侵权人的，除能够证明自己不是侵权人的外，由可能加害的建筑物使用人给予补偿。

《民法典》第1254条规定：禁止从建筑物中抛掷物品。从建筑物中抛掷物品或者从建筑物上坠落的物品造成他人损害的，由侵权人依法承担侵权责任；经调查难以确定具体侵权人的，除能够证明自己不是侵权人的外，由可能加害的建筑物使用人给予补偿。可能加害的建筑物使用人补偿后，有权向侵权人追偿。

物业服务企业等建筑物管理人应当采取必要的安全保障措施防止前款规定情形的发生；未采取必要的安全保障措施的，应当依法承担未履行安全保障义务的侵权责任。

发生本条第1款规定的情形的，公安等机关应当依法及时调查，查清责任人。

《民法典》较原《侵权责任法》增加了禁止高空抛物的明确规定、强调了物业的安全保障措施义务和公安机关的调查义务，内容更加全面，但在无法查清真实加害人的情况下，没有加害行为的业主和物业使用人的补偿责任仍难以避免。事实上，整栋楼仅有一户加害人，但在无法查清加害人的情况下让整栋楼承担责任，虽系从公平角度考虑，但对没有加害行为的其他业主而言仍是无妄之灾。

我们来看下面的案例。

【案例】（2019）粤03民终24574号案

2017年7月11日20点40分左右，李某饭后走路途经宝安区松岗街道蚌岗村某道路时，被高空坠下的混凝土块砸中头部，李某当场倒地，后被送至松岗人民医院抢救，经抢救无效死亡。事发当时为2017年7月11日20点43分，辖区派出所接到事故地点的市民报警电话，辖区派出所出警到现场进行调查、立案，但因各种原因迟迟无法侦破该案，无法确认具体实施侵权行为的行为人。

李某父母遂将可能加害的3名业主及住户共计83人诉至宝安法院，要求共同赔偿李某死亡赔偿金、丧葬费、精神抚慰金等。

部分住户的答辩意见如下：（1）从当庭播放的视频可以看出，混凝土块砸到被害人是垂直降落的，而答辩人主要住在201、104，混凝土块不可能是答辩人扔的；（2）我在7月10日下午3点乘车离开深圳到番禺，本案发生前至发生期间不在案发现场；（3）当晚我上夜班，7点13分进厂，7点30分上班，第二天6点30分下班；（4）我房间的窗户不在案发那一面，在旁边那一面，我们的窗户有防护网；（5）我是7月6日租房，事发时还没有搬过去。

法院认为：（1）李某在公共道路上行走时被高空坠下的混凝土块砸中头部身亡，李某系正常行走，本身并无过错。同时，公安机关侦查近两年，未查明具体的侵权人，也未查明案涉混凝土块究竟是人为抛掷，还是建筑物附属物脱落、坠落，故本案属于侵权人不明的抛掷物、坠落物损害责任纠纷。（2）对于建筑物使用人来说，只要是不能够证明自己不是侵权人的，就应给予受害人补偿。其中的"建筑物使用人"应包括建筑物的所有人、占有人以及管理人等。该法律的立法目的在于"同情弱者"和"保护公共安全"，具有提供救济、分散风险、强化公共安全管理的功能，在当前社会保障不充分、公共安全管理不到位的情况下具有重要意义。

法院逐一分析各个房屋坠落的可能性并酌情认定补偿责任。后部分住户上诉并提交了相关不在场的证据，二审法院予以改判其不承担责任。

对于上述情形，笔者认为提供不在场的证据并不能证明自己不是侵权人，不能达到免责的条件。因为本案并未查明案涉混凝土块究竟是人为抛掷，还是建筑物附属物脱落、坠落，而建筑物附属物脱落或者坠落是不需要像抛掷物一样借助人力的，因此即便不在场也可能产生房屋附属物脱落或坠落致人损害的情形。

当然站在没有加害行为的业主角度，如何避免承担法律责任应当是我们关注的重点。笔者认为除了物业加强宣传外，如发生此类事故，第一时间找出真正的加害人似乎更加重要，毕竟一人惹祸大家扛对没有实施加害行为的其他业主来讲本来就不公平。另外对于如何快速找出真正的加害人，《深圳物业条例》似乎给出了一个解决方案，其中第78条第2款规定：经业主共同决定，物业服务企业可以采取适当的技术措施就前款禁止的行为采集相应证据，但是不得侵犯他人隐私。也即在不侵犯隐私的情况下，经业主共同决定，可以采取适当技术，如在屋顶垂直安装摄像头实时监控窗户情况采集相应证据，因摄像头是垂直安装，不会侵害业主隐私。这样就可以快速确定加害人，避免无加害行为的业主承担不应当承担的责任。

最后笔者认为业主有必要认真学习最高人民法院于2019年10月21日发布实施的《审理高空抛物、坠物的意见》，笔者节选部分重要条文如下：

第5条：准确认定高空抛物犯罪。对于高空抛物行为，应当根据行为人的动机、抛物场所、抛掷物的情况以及造成的后果等因素，全面考量行为的社会危害程度，准确判断行为性质，正确适用罪名，准确裁量刑罚。

故意从高空抛弃物品，尚未造成严重后果，但足以危害公共安全的，依照刑法第114条规定的以危险方法危害公共安全罪定罪处罚；致人重伤、死亡或者使公私财产遭受重大损失的，依照刑法第115条第1款的规定处罚。为伤害、杀害特定人员实施上述行为的，依照故意伤害罪、故意杀人罪定罪处罚。

第6条：依法从重惩治高空抛物犯罪。具有下列情形之一的，应当从重处罚，一般不得适用缓刑：（1）多次实施的；（2）经劝阻仍继续实施的；（3）受过刑事处罚或者行政处罚后又实施的；（4）在人员密集场所实施的；（5）其他情节严重的情形。

第7条：准确认定高空坠物犯罪。过失导致物品从高空坠落，致人死亡、重伤，符合刑法第233条、第235条规定的，依照过失致人死亡罪、过失致人重伤罪定罪处罚。在生产、作业中违反有关安全管理规定，从高空坠落物品，发生重大伤亡事故或者造成其他严重后果的，依照刑法第134条第1款的规定，以重大责任事故罪定罪处罚。

笔者简单解读如下：（1）如高空抛物系主观故意，即便未造成严重后果，也可能构成以危险方法危害公共安全罪；（2）高空抛物成为独立罪名，从严惩处；（3）即便主观不是故意，也有可能构成过失致人死亡罪、过失致人重伤罪。在前述（2013）深中法民终字第2491号案中，黄某在阳台打扫卫生，在抬起阳台防盗网上的木板擦灰时，不慎将阳台上的两片50厘米宽的方形瓷砖碰落至楼下，砸中楼下超市门口的莫某，造成莫某经抢救无效死亡。如适用现行规定，则黄某有可能构成过失致人死亡罪。因此，读者应谨记现行法律对于高层业主已经明确提出了更高的注意义务和要求。另，深圳高空抛物被判刑的案例可参考（2020）粤 0310 刑初 438 号，笔者不再赘述。

最后笔者想说：头顶安全、人人有责，不做加害人才不会成为受害人。

共有权

必备法律知识⑫

什么是共有部分?
——谈共有部分的范围

在必备法律知识3中我们提到,理解了什么是专有部分,就理解了什么是共有部分。小区内除了专有部分,剩余的其他空间、设施我们可以基本认为是共有部分。另外,共有部分具备从属性、不可分割性,系连接各专有部分的纽带。①

关于共有部分的范围,现行法律主要规定如下:

1.《民法典》第274条规定:建筑区划内的道路,属于业主共有,但是属于城镇公共道路的除外。建筑区划内的绿地,属于业主共有,但是属于城镇公共绿地或者明示属于个人的除外。建筑区划内的其他公共场所、公用设施和物业服务用房,属于业主共有。

《物业管理条例》第37条规定:物业管理用房的所有权依法属于业主。未经业主大会同意,物业服务企业不得改变物业管理用房的用途。

《建筑物区分所有权纠纷解释》第3条:除法律、行政法规规

---

① 陈华彬.建筑物区分所有权法[M].北京:中国政法大学出版社,2018:171–172.

定的共有部分外，建筑区划内的以下部分，也应当认定为民法典第二编第六章所称的共有部分：（1）建筑物的基础、承重结构、外墙、屋顶等基本结构部分，通道、楼梯、大堂等公共通行部分，消防、公共照明等附属设施、设备，避难层、设备层或者设备间等结构部分；（2）其他不属于业主专有部分，也不属于市政公用部分或者其他权利人所有的场所及设施等。

建筑区划内的土地，依法由业主共同享有建设用地使用权，但属于业主专有的整栋建筑物的规划占地或者城镇公共道路、绿地占地除外。

《深圳物业条例》第11条规定：物业管理区域的道路属于业主共有，但属于城市公共道路的除外。物业管理区域的绿地属于业主共有，但属于城市公共绿地或者明示属于私人所有的除外。物业管理区域的其他公共场所和公共设施，属于业主共有。

物业管理区域物业的以下部分属于业主共有：（1）建筑物的基础、承重结构、外墙、屋顶等基本结构部分，通道、楼梯、大堂等公共通行部分，消防、公共照明等附属设施设备，避难层、架空层、设备层或者设备间等；（2）其他不属于业主专有部分，也不属于市政公用部分或者其他权利人所有的场所及设施设备；（3）房地产买卖合同约定属于业主共有的物业；（4）法律、法规规定的其他共有部分。

建设单位申请国有建设用地使用权及房屋所有权首次登记时，应当提出共有物业产权登记申请，由不动产登记机构在不动产登记簿上予以记载。

上述条文是对建筑区划内的道路、绿地、物业管理用房、土地使用权、建筑物基本结构部分、公共通行部分、附属设施等归业主共有的规定。

2.《民法典》第275条规定：建筑区划内，规划用于停放汽车的车位、车库的归属，由当事人通过出售、附赠或者出租等方式约定。

占用业主共有的道路或者其他场地用于停放汽车的车位，属于业主共有。

本条第2款是对占用业主共有道路、其他场地的车位归业主共有的规定，非常容易理解。因为道路、其他场地本身即为业主共有，变更用途用于停车并不会改变其所有权的属性。即物的用途不会影响物的归属，稍微学术一点的说法是，物的用途的改变不是物权变动的原因。

3.《民法典》第281条中规定：建筑物及其附属设施的维修资金，属于业主共有。

《物业管理条例》第53条第2款规定：专项维修资金属于业主所有，专项用于物业保修期满后物业共用部位、共用设施设备的维修和更新、改造，不得挪作他用。

《民法典》第282条规定：建设单位、物业服务企业或者其他管理人等利用业主的共有部分产生的收入，在扣除合理成本之后，属于业主共有。

《深圳物业条例》第12条规定：利用物业管理区域共有物业进行经营活动的，应当由业主共同决定，其收益属于业主共有。可能损害特定业主就其专有部分享有的合法权益的，还应当经该业主同意。

《深圳物业条例》第70条规定：业主共有资金包括：（1）共有物业收益；（2）物业专项维修资金；（3）物业管理费；（4）业主依据管理规约或者业主大会决定分摊的费用；（5）其他合法收入。

上述条文是对专项维修资金、共有部分收益等属于业主共有的规定。

简单总结上述规定：（1）小区内的道路、绿地原则上属于业主共有；（2）其他公共场所、公共设施、物业服务用房、占用业主共有道路的车位属于业主共有；（3）土地使用权、建筑物的基本结构部分，公共通行部分，消防、公共照明等附属设施、设备，避难层、设备层或者设备间等结构部分属于业主共有；（4）物业专项维修资金、利用共有部分产生的收入、物业费等其他收入（关于物业费的性质在必备法律知识25中详细解析）；（5）兜底性的其他不属于业主、市政公用部分及其他权利人所有的场所和设施。

虽然关于共有部分有明确的法律规定，但有时某特定部分是否为业主共有并不好判断，且专有部分与共有部分有时会发生重合。如车位，既存在业主单独所有车位的情形，也存在业主共有车位的情形，而这些车位实际上也符合构造上的独立性及使用上的排他性，只是由于属于业主共有不能登记到单个业主名下。

关于共有部分，本文简单阐述如上，法条供读者集中参考。

必备法律知识⑬

一楼业主需要交电梯费吗？
空置房需要交物业费吗？
——谈业主对共有部分的义务和权利

第一个问题：一楼业主需要交电梯费吗？

首先，电梯费并不是一项类似于水电费、燃气费、停车费需要单独缴纳的费用，而是包含在物业费中。根据《物业收费办法》第11条及《深圳物业收费规定》第9条规定，电梯费归属于物业共用部位、共用设施设备的日常运行、维护费用，总体归属于物业服务支出或物业服务成本的一部分，都是物业费的一部分。

其次，关于一楼业主是否需要交电梯费常见的有两个观点：（1）一楼业主不需要用电梯，让一楼业主交电梯费不公平；（2）电梯是小区共有部分，共有部分的费用当然是人人有份。

另外，电梯费具体可以细分为电梯日常的运行费及维护费。

《深圳物业收费规定》第23条规定：住宅楼的电梯起始层住户不承担电梯运行费，其他楼层的电梯运行费不进行区分。根据上述规定，目前深圳地区一楼业主在法律上是不用缴纳电梯运行费的，但第23条并未提到电梯维护费，因此一楼业主是需要缴纳电梯维护费的。但总体上的思路是一楼业主应当要比其他楼层业主少缴纳电梯费。

笔者并不认同一楼业主不需要缴纳电梯运行费的做法。《深圳物业收费规定》系 2006 年 9 月 1 日实施，是否与《物权法》第 72 条和《民法典》第 273 条业主不得以放弃权利为由不履行义务的规定冲突存在疑问。

并且，如果一楼业主不交电梯运行费会带来一系列问题，例如：（1）能否禁止一楼业主使用电梯到其他楼层；（2）电梯广告费收益能否不分给一楼业主；（3）如果电梯通向地下车库，能否禁止一楼业主使用电梯到地下车库；（4）一楼业主如果以不使用电梯为由不交电梯运行费，没有孩子的业主能否以没有孩子为由不交儿童滑梯的维护费用，不锻炼的业主能否以不使用健身器材为由不交健身器材的费用。综上所述，笔者并不赞同一楼业主不用交电梯费的做法。

实践中因电梯费交纳问题发生纠纷的并不多，笔者以"电梯费"进行检索发现深圳仅有（2019）粤民申 8442 号、（2011）深中法民一终字第 262 号两个案件中涉及电梯费，且不是以电梯费为主要争议焦点的案件。笔者认为，造成这一现象的主要原因是，2007 年实施的《物权法》第 72 条及《民法典》第 273 条第 1 款均明确规定，业主对建筑物专有部分以外的共有部分，享有权利，承担义务；不得以放弃权利为由不履行义务。因此，一楼业主以不使用电梯为由不承担缴纳电梯费义务的理由并不充分。

第二个问题：空置房需要交物业费吗？

物业费全称为物业服务收费或物业服务管理收费。

《物业收费办法》第2条规定：本办法所称物业服务收费，是指物业管理企业按照物业服务合同的约定，对房屋及配套的设施设备和相关场地进行维修、养护、管理，维护相关区域内的环境卫生和秩序，向业主所收取的费用。

《深圳物业收费规定》第3条规定：本规定所称物业管理服务收费，是指物业管理企业按照物业管理服务合同的约定，对房屋及配套的共用设施设备和相关场地进行维修、养护、运营、管理，维护相关区域内的环境卫生和秩序，向业主所收取的费用。

因此，笔者认为，物业费主要是指业主因共用设施、场地、小区环境、卫生、秩序维护、管理而支出的费用。而空置房是无人居住的房屋，属于专有部分。因此作为主要系公共部分支出的物业费本质上跟专有部分是否使用不存在任何关系，完全是两码事，因此房屋空置并不是不缴纳物业费的合理依据。

同时，《民法典》第283条规定：建筑物及其附属设施的费用分摊、收益分配等事项，有约定的，按照约定；没有约定或者约定不明确的，按照业主专有部分面积所占比例确定。上述条文也并未提到公共部分和专有部分的使用与否是否影响费用的分担。

根据法律解释中当然解释的方法，结合第一个问题，不使用电梯等共有部分尚且需要缴纳电梯费等相关共有部分的费用，举重以明轻，不使用专有部分又不是不使用共有部分的业主，当然也需要支付相关的共有部分费用。

综上，笔者认为，一楼业主需要交电梯费，空置房也需要交物业费。

以上系业主就共有部分分摊费用的义务，属于业主的最基本的义务。

第二项义务，根据《民法典》第278条规定，改变共有部分的用途或者利用共有部分从事经营活动需要业主共同决定。因此，业主同样负担按照共有部分的本来用途使用共有部分的义务。我们在必备法律知识8中，也提到南京鼓楼区的一个案件，底商业主改变了共有部分的用途，危及到了建筑物的安全。

笔者认为，上述内容就是业主对于共有部分应当承担的主要义务：即（1）分摊共有部分支出费用的义务；（2）不得单独决定共有部分使用的义务。

另外，关于业主的共有权本质上仍是所有权，所有权包括占有、使用、收益、处分四项权能，而共有部分因为系业主共有，因此业主对共有部分的占有权是非独占权，独占即违反法律规定；使用权是共同使用权，是随机、轮流使用，非排他使用权，不允许他人使用共有部分即违反法律规定；收益为共同收益，独占收益即违反法律规定；处分是共同决定处分，单独处分即违反法律规定。

因此基于共有部分为全体业主所有的基本属性，业主对共有部分的义务只能高于业主对专有部分的义务，如专有部分的"住改商"只需要本楼栋业主一致同意即可，而改变共有部分用途，如将电梯、外墙、岗亭等公共部分用于出租广告位，则需要业主大会进行表决。

关于业主共有权属于共同共有还是按份共有也是值得思考的问题。

按份共有，简单来说是两个以上的所有权人对同一共有物分别享有一定比例的所有权，因此按份共有是按照所有权比例享有权益承担义务，并且基于的份额是清晰的，因此按份共有是可以要求随时分割的。

共同共有本质上是基于某种共同关系为基础，对同一共有物共同享有所有权，并且是不分份额地享有所有权，最常见的即是夫妻关系。因为共同共有是以共有关系为基础的，所以共有部分一般情况下是不可以分割的，除非共有关系解除或者有其他特殊情况。[①]最常见的是，只有在离婚的情况下才会分割夫妻共同财产，而如果夫妻一方的父母重病需要花费巨额医疗费而另一方不同意支付，在这种情况下也是可以要求在婚姻存续期间分割夫妻共同财产的。[②]因此，区分按份共有还是共同共有具有很强的实践意义。

那么业主共有是属于按份共有还是共同共有？业主按照专有部分面积承担相关费用以及按照专有部分面积行使表决权符合按份共有的特性，而业主对于共有部分如电梯、道路等共有部分随机、轮流使用，并且不得要求进行分割，也符合共同共有的特性。因此有学者提出，对于区分所有权建筑物共有部分的法律性质，

---

① 《民法典》第303条规定：共有人约定不得分割共有的不动产或者动产，以维持共有关系的，应当按照约定，但是共有人有重大理由需要分割的，可以请求分割；没有约定或者约定不明确的，按份共有人可以随时请求分割，共同共有人在共有的基础丧失或者有重大理由需要分割时可以请求分割。因分割造成其他共有人损害的，应当给予赔偿。

② 《民法典》第1066条规定：婚姻关系存续期间，有下列情形之一的，夫妻一方可以向人民法院请求分割共同财产：

（1）一方有隐藏、转移、变卖、毁损、挥霍夫妻共同财产或者伪造夫妻共同债务等严重损害夫妻共同财产利益的行为；

（2）一方负有法定扶养义务的人患重大疾病需要医治，另一方不同意支付相关医疗费用。

不应一概而论，而应根据区分所有建筑物的不同类型分别予以确定。也即区分所有权建筑物共有部分的法律性质因区分所有权建筑物的不同形态而有不同，或属共同共有，或属按份共有。[①]

笔者之所以提出该问题并引出上述观点不是单纯地界定共有部分的性质，而是上述观点体现了一种思考问题非常重要的思想或方法即分类思想，尤其是在我们遇到答案并不那么清晰的复杂问题时分类思想往往能够给我们提供一个新的思路。

---

① 陈华彬.建筑物区分所有权法[M].北京:中国政法大学出版社,2018:169.

必备法律知识⑭

预售合同约定小区外墙归开发商所有合法吗？
——论侵犯业主共有权的形态及救济途径

预售合同约定小区外墙归开发商所有是否合法，主要取决于外墙属于专有部分还是共有部分。对于专有部分，开发商基于建房行为取得小区整体的所有权，自然可以选择保留部分专有部分，出售部分专有部分，如开发商自持部分房产或保留规划车位所有权出租给业主。但对于共有部分如小区的道路、楼梯，开发商是不可以保留或者单独出售给个别业主的，共有部分只能是随着小区房屋的出售转移给小区业主共有。结合必备法律知识3的内容，我们可以确定小区外墙属于业主共有部分。

既然小区外墙属于业主共有，在房屋全部出售的情况下，开发商将业主共有也即他人所有的物约定归自己所有，这样的约定很明显是无效的，因为其违反了物权法定的原则。即便在房屋未出售完毕，或开发商保留部分房屋也即开发商也作为业主的情况下，单个业主也无权自行决定小区共有部分的事宜。

因此，约定小区外墙归开发商所有明显是违法的。我们甚至可以进一步认为，任何将业主共有部分约定为归开发商或其他第三人所有的条款均是无效的，这也是实践中开发商侵害业主权益多发的情形。

《民法典》第 278 条规定：下列事项由业主共同决定：（1）制定和修改业主大会议事规则；（2）制定和修改管理规约；（3）选举业主委员会或者更换业主委员会成员；（4）选聘和解聘物业服务企业或者其他管理人；（5）使用建筑物及其附属设施的维修资金；（6）筹集建筑物及其附属设施的维修资金；（7）改建、重建建筑物及其附属设施；（8）改变共有部分的用途或者利用共有部分从事经营活动；（9）有关共有和共同管理权利的其他重大事项。

业主共同决定事项，应当由专有部分面积占比三分之二以上的业主且人数占比三分之二以上的业主参与表决。决定前款第（6）项至第（8）项规定的事项，应当经参与表决专有部分面积四分之三以上的业主且参与表决人数四分之三以上的业主同意。决定前款其他事项，应当经参与表决专有部分面积过半数的业主且参与表决人数过半数的业主同意。

《建筑物区分所有权纠纷解释》第 7 条规定：处分共有部分，以及业主大会依法决定或者管理规约依法确定应由业主共同决定的事项，应当认定为民法典第 278 条第 1 款第（9）项规定的有关共有和共同管理权利的"其他重大事项"。

关于共有部分的问题，原《物权法》第 76 条及原《建筑物区分所有权纠纷解释》（2009）第 7 条对业主大会参与表决的人数和面积没有最低要求，只要表决的面积、人数占小区总面积、业主总人数过半即可。现行法律要求，业主大会的有效性需要参与表决的面积、人数须达到小区总面积及业主总人数的三分之二，对于改变共有部分用途、利用共有部分用途从事经营活动的表决，要求参与表决的面积、人数达到小区总面积及业主总人数的四分之三，对于处分共有部分的表决，要求参与表决的面积、人数达到小区总面积及业主总人数一半。对于参与表决的人数、面积进行一定的要求，能够最大限度体现全体业主的共同利益。

因此，侵害业主共有权的表现形态，即体现在未经业主大会同意擅自改变共有部分用途、利用共有部分用途从事经营活动、处分共有部分。预售合同约定小区外墙归开发商所有即为侵害共有部分的表现之一。

【案例】（2017）粤01民终17404号案

业主与广州某开发商签订的预售合同中约定：（1）小区建筑区划内的所有地下车库、地面停车位、会所、架空层及其他配套商业设施等物业的所有权或使用权、收益权、处分权归开发商所有，若业主需取得上述物业的所有权或使用权，应与开发商另行签订相关合同；（2）业主自愿放弃优先购买或承租地下停车库停车位的权利，并同意开发商无论在停车位、停车库是否满足业主需要的情况下有权直接将地下停车库、停车位对外出售或出租，此等情况下，开发商不需对业主承担任何责任；（3）小区建筑规划内的商业性质部分的外墙面的使用权及收益权属开发商所有。

业主起诉至海珠法院，诉求确认上述条款无效。

一审法院认为，业主作为合同的相对方起诉开发商，业主在签订合同时放弃自己作为业主的部分权利，并不属于违反法律、行政法规的强制性规定的情形，也不能证明案涉条款存在以合法形式掩盖非法目的及损害社会公共利益的情形。因此驳回了业主的诉求。

二审法院认为，（1）关于会所、架空层、外墙使用权及共用平台、天台、花园等物业的处分、使用、收益权的问题，开发商没有提供证据证明，其在与业主签订协议之前，已依照法律规定取得了享有上述物业共有权利的其他业主的同意，开发商对此应承担举证不能的法律后果；（2）建筑区划内，规划用于停放汽车的车位、车库应当首先满足业主的需要。开发商作为专业的房地产公司不可能不知道《物权法》的上述规定。根据目前本市居民家庭对于车位的需求来看，车位是日常生活中的基本需求。因此，依据日常生活经验法则，在法律已经明确规定对小区内车位车库应首先满足业主需求的情况下，业主不可能放弃该项权利。在此情况下，开发商作为专业的房地产公司，作为格式性协议的提供方，理应明确告知购房人上述法律规定，并在购房人完全知悉该法律规定的情况下，方可作出要求购房人放弃对案涉小区车位、车库享有优先购买权或承租权的约定。但诉讼中，开发商没有提供证据证明其作为格式性协议的提供方已尽到了上述应尽的提示义务，履行了《合同法》第39条"采用格式条款订立合同的，提供格式条款的一方应当遵循公平原则确定当事人之间的权利和义务，并采取合理的方式提请对方注意免除或者限制其责任的条款，按照对方的要求，对该条款予以说明"的合同义务。因此，依据《合同法》第40条"格式条款具有本法第52条和第53条规定情形的，或者提供格式条款一方免除其责任、加重对方责任、排除对方主要权利的，该条款无效"之规定，案涉协议中有关业主放弃优先购买或承租车位的约定无效。

二审法院判决，撤销一审法院判决并确认上述约定无效。

笔者引用该案例的主要目的，不仅是阐述开发商采用格式条款侵害业主共有部分权利的合同约定无效的问题，更重要的是讨论一审法院判决说理是否正确、二审法院判决说理是否充分的问题。笔者拙见如下：

（1）根据物权法定原则，物权的归属和内容是由法律规定的，这是物权与合同的一个主要区别，即物权是法定的，合同是自由的。物权法定实际上排除了当事人随意约定物权内容和归属的情形。这就是为什么很多房屋代持协议中房屋的实际产权人权益得不到保护的重要原因了，因为一纸协议无法决定物权的真正归属。而无论是原《物权法》《建筑物区分所有权纠纷解释》（2009）还是《民法典》《建筑物区分所有权纠纷解释》（2020）均明确规定了业主共有部分的范围。将法律规定的业主共有部分约定为开发商所有明显违反法律的强制性规定，因此无论是否采取格式条款，上述条款即业主放弃共有部分的共有权均应无效。

（2）再引申另外一个问题：权利可以放弃吗？具体一点，哪些权利可以放弃，哪些权利不可以放弃？这个问题并不好回答。再具体一点：①业主可以把自己的房子无偿赠与他人吗？②开发商的预售合同中可以约定如房屋逾期交房不超过1年或房屋出现质量问题，业主不得起诉开发商吗？也即业主可以放弃起诉的权利吗？③当事人双方可以签订买卖人体器官的合同吗？自愿出售自己的器官后可以起诉对方吗？也即人身权、健康权可以放弃吗？如2012年闹得沸沸扬扬的湖南郴州17岁少年卖肾买iPhone事件。[①]

① 中国法院网：https://www.chinacourt.org/article/detail/2012/08/id/540358.shtml.

第①个问题很好回答，在不损害业主债权人权益的情况下，业主当然可以把自己的房产赠与他人。第②个问题，笔者认为不可以，因为起诉的权利是法律赋予公民在权利受到侵害时的救济权利。住房是人的基本需求，如果开发商全部采用此类条款，要么不买要么接受开发商的规矩，那么法律将会被架空，权利也将因为无法救济而名存实亡。第③个问题，从朴素的社会主义价值观出发就可以得到答案：不可以买卖人体器官，也即人身权、健康权不可以放弃，即便一方是自愿的。

虽然合同是自由的，但绝对的自由只会导致对弱势群体的剥削。因此笔者才会认为上述案例中开发商即便对格式条款进行了提示和说明，也是无效的。另外，笔者在必备法律知识 8 中曾提到一个 2000 年第 5 期最高人民法院的公报案例，即南京中院在《物权法》颁布前，对底层商业业主获得江苏省建设委员会抗震办同意的情况下增加夹层，破坏共有部分的行为结合建筑物区分所有权中共有部分理论，认为对共用部分的任何改动应以不违背共同利益为前提，并须经全体区分所有权人同意，否则即构成对其他权利人共有权的侵害，最终判决底层商业业主拆除夹层恢复原状。该案例如放在今天或者《物权法》颁布后，则可以直接适用相关法律规定，因此在没有法律明确规定的情况下，理论知识的重要性就凸显出来了，所以法律不是简单的法条，民法理论无疑起着更重要的作用。

另外，因专项维修资金、利用共有部分产生的收入也系业主共有。因此，包括业主拒不缴纳专项维修资金、物业侵占专项维修资金、物业侵占利用共有部分产生的收入均属于侵犯业主共有权的表现形态。本文继续阐述如下：

关于专项维修资金，实践中多发的纠纷主要体现在开发商首期款项的缴纳上。《深圳物业条例》第90条第一款中规定：首期归集的专项维修资金由建设单位按照物业项目建筑安装工程总造价的百分之二，在办理该物业项目不动产首次登记前一次性划入指定的物业专项维修资金专户。但往往因小区在建成交付初期业主大会尚未召开、业主委员会尚未成立，单个业主又很难维权，因此开发商往往怠于缴交专项维修资金，而由全体业主半数或者业主委员会起诉，有时并非最有效的途径，读者不应忘记行政主管部门的职责包括监督纠正行业的违法行为，因此，有时向相关主管部门投诉比诉讼更加高效。如深圳某开发商未及时缴纳小区首期物业专项维修资金，2021年2月4日，深圳市龙岗区住房和建设局作出深龙住建罚〔2021〕24号行政处罚决定书，对该开发商罚款65.3万元。① 依据《深圳物业条例》第113条规定，如开发商未及时缴清相关款项，是可以按照每日万分之五的标准进行罚款的。另外，关于专项维修资金的纠纷，也体现在物业公司私自截留而不转至监管账户，鉴于问题并不复杂，笔者不再赘述。

关于利用业主共有部分产生的收入的规定，主要体现在《民法典》第282条："建设单位、物业服务企业或者其他管理人等利用业主的共有部分产生的收入，在扣除合理成本之后，属于业主共有"和《深圳物业条例》第12条"利用物业管理区域共有物业进行经营活动的，应当由业主共同决定，其收益属于业主共有"。

---

① 参照深龙住建罚〔2021〕24号行政处罚决定书。

我们思考一个问题：如果没有《民法典》及《深圳物业条例》上述规定，物业利用共有部分产生的收入归谁所有？毕竟《民法典》自2021年1月1日才开始实施，《深圳物业条例》（2019）自2020年3月1日才开始实施，那么在上述规定实施以前物业公司利用共有部分产生的收入归谁所有呢？

该问题不用做太多思考即可得出结论，即便没有上述规定，物业公司利用共有部分产生的收入同样归业主共有。因为共有权是所有权的一种，所有权的四项权能包括占有权、使用权、收益权、处分权，利用业主共有部分的收益权自然归业主共有。《民法典》之所以新增此规定，并非仅仅是确定共有部分收益的归属，更多是起宣示、强调作用，是对现实生活中第三人侵占业主共有部分收益的回应。

另外，笔者认为，如果建设单位或物业公司未经业主大会同意私自利用共有部分，其合理成本不应当由业主承担。因为，未经业主大会同意擅自利用业主共有的电梯、外墙等进行经营，尤其是在将经营收入据为己有的情况下，本质上并非避免他人利益受损的无因管理行为，而是一种明知不是自己所有财产并未经所有权人同意，私自进行经营且私自截留经营收益的侵权行为，让全体业主为这种侵权行为支付成本无异于让受害人为侵权人的侵权行为支付成本，其法理基础及逻辑并不充分。

关于物业费归业主共有的部分，笔者将在必备法律知识25中详细论述。

第三人侵害业主共有部分的救济途径：由业主大会进行决定是否维权，并由业主委员会代表全体业主向人民法院提起诉讼，笔者将在必备法律知识 20 和 22 中论述。

最后，笔者再次强调：（1）根据物权法定原则，物权的内容和归属并非当事人直接随意约定；（2）准确识别特定部分是专有部分还是共有部分，是确定某一行为是否为侵权行为的重要前提。开发商将业主共有部分约定为其专有并进行经营使用无疑是侵权行为。

必备法律知识⑮

车位：一个复杂的问题

车位问题无疑是共有部分甚至整个建筑物区分所有权所涉案件中最复杂的问题，也是实践中容易引发纠纷的问题。本文将结合《民法典》、原《物权法》及《深圳房产转让条例》等相关法律对车位问题的相关规定进行解读并分析部分案例，力求为读者阐述清楚目前深圳法院、广东高院、最高院对于深圳车位纠纷的相关司法观点。（笔者温馨提示本文案例较为复杂。）

一、关于车位的法律规定

1.《民法典》（2021年1月1日实施）

第275条规定：建筑区划内，规划用于停放汽车的车位、车库的归属，由当事人通过出售、附赠或者出租等方式约定。

占用业主共有的道路或者其他场地用于停放汽车的车位，属于业主共有。

第276条规定：建筑区划内，规划用于停放汽车的车位、车库应当首先满足业主的需要。

2.《物权法》（2007年10月1日实施，2021年1月1日废止）

第74条规定：建筑区划内，规划用于停放汽车的车位、车库应当首先满足业主的需要。

建筑区划内，规划用于停放汽车的车位、车库的归属，由当事人通过出售、附赠或者出租等方式约定。

占用业主共有的道路或者其他场地用于停放汽车的车位，属于业主共有。

从上述规定我们可以看出，《民法典》关于车位、车库的法律规定仅仅是将原《物权法》的条文进行拆分，实质内容并未进行变更，这体现了法律的稳定性和延续性。

根据上述规定，车位、车库分为规划车位、车库及占用业主共有道路或其他场所的车位。占用业主共有道路或其他场所的车位，其本质是改变业主共有部分的用途，但不能因为改变了用途就改变所有权归属，因此从逻辑推理上讲占用业主共有道路及其他场所如架空层的停车位依然属于业主共有，即便预售合同约定该车位归属于开发商所有也是无效规定，这也是本书必备法律知识14中提到的内容。

关于规划车位、车库的归属，根据原《物权法》及《民法典》规定，可以由开发商与业主通过出售、附赠、出租等方式进行约定。如果预售合同中没有对规划车位、车库进行约定或者约定不明，那么规划车位、车库是属于开发商还是全体业主所有？这也是实践中经常发生的纠纷。

这个问题还可以换一种问法："建筑区划内，规划用于停放汽车的车位、车库的归属，由当事人通过出售、附赠或者出租等方式约定"这样的表述是否包含了这样的一个前提，即规划车位的原始所有权归开发商所有？如果包含，那么预售合同没有约定规划车位、车库的归属，规划车位、车库即归开发商所有。如果不包含，则规划车位、车库属于全体业主共有。但这样的理解又存在逻辑谬误，因为如果规划车位、车库原始所有权不归属于开发商，那么开发商有什么权利将规划车位、车库出售、附赠或者出租呢？同时开发商可以将车位、车库出售、出租、附赠给业主，也说明规划的车位、车库属于独立可分且可以处分的专有部分，不属于开发商无权处分且不可分的业主共有部分。因此，笔者倾向于认为，规划车位、车库的法律规定暗含原始所有权归开发商所有的前提。

对于预售合同对规划车位、车库没有约定或约定不明的情况下如何处理的问题，最高院的观点是：（1）如果车位、车库的建设成本未分摊至业主购房费用中，而是建设单位自行承担，权属归建设单位；（2）如果建设成本已经分摊至建筑区划内众多业主身上的，权属应当归全体业主；（3）建设单位负证明上述事实的举证责任，如果无法证明建设成本由建设单位承担，则车位、车库权属归全体业主共有。理由是建设单位掌握建造商品房的成本，可以证明车位、车库的真实建设情况。如果没有在合同中约定此类情形问题，便应推定建设单位放弃主张车位、车库的权利。[①]

因此依据上述观点，规划车位、车库的归属主要取决于开发商是否能够举证证明建设成本由开发商自己承担而没有分摊到业主的购房款中。但是"如果没有在合同中约定此类情形问题，便应推定建设单位放弃主张车位、车库的权利"的表述中，似乎也

[①] 最高人民法院民法典贯彻实施工作领导小组.中华人民共和国民法典物权编理解与适用（上下）[M].//民法典理解与适用丛书.北京:人民法院出版社,2020:359-364.

暗含了规划车位、车库原始所有权归开发商所有的观点，毕竟放弃主张权利的前提是拥有权利。开发商可以放弃屋顶、外墙、小区道路的所有权吗？当然不可以，因为这是业主共有部分，开发商没有所有权。那么，既然暗含了规划车位、车库原始所有权归开发商所有的观点，如果预售合同没有对车位、车库作出约定，也即开发商对车位、车库的所有权并未进行处置，所有权仍归开发商所有。不能因为开发商没有处置车位、车库就默认开发商放弃所有权。同时，既然开发商可以将车位、车库出售、出租、附赠给业主，说明规划的车位、车库属于可以处分的专有部分，不属于开发商无权处分的业主共有部分。但上述观点却要求开发商进行举证，证明建设成本没有分摊到购房费用中，是由开发商承担的，否则就归业主共有，似乎理由并不充分。

关于对上述条文的理解，笔者拙见如上，一家之言，姑妄听之。

3.《深圳房地产转让条例》（1993年10月1日施行）

第13条规定：房地产转让时，转让人对同宗土地上的道路、绿地、休憩地、空余地、电梯、楼梯、连廊、走廊、天台或者其他公用设施所拥有的权益同时转移。

房地产首次转让合同对停车场、广告权益没有特别约定的，停车场、广告权益随房地产同时转移；有特别约定的，经不动产登记机构首次登记，由登记的权利人拥有。

《深圳房地产转让条例》于1999年6月30日进行第一次修正，第13条未进行修改。

《深圳房地产转让条例》于2019年10月31日进行第二次修正，第13条未进行修改。

从上述规定可以看出，依照《深圳房地产转让条例》规定，只要预售合同对停车场没有约定的，停车场就随房地产同时转让，归全体业主共有。同时在法律适用方面，在《物权法》颁布前发生争议的适用《深圳房地产转让条例》应当没有争议。有争议的是纠纷发生在《物权法》颁布后，包括预售合同在《物权法》颁布前签署和预售合同在《物权法》颁布后签署两种情况，是适用《物权法》还是《深圳房地产转让条例》似乎并不是容易回答的问题。后文笔者引用相关案例时再做相应解读。

另外，最早规定所有权制度的是 1987 年 1 月 1 日实施的《民法通则》，其并未对建筑物区分所有权及车位作出相关规定。因此我们可以说直到 2007 年《物权法》正式实施我国才确立了建筑区分所有权制度，但作为经济特区及改革开放的桥头堡，深圳相关立法规定早于全国性的法律。

二、车位纠纷的相关案例

关于车位，虽然法律规定条文并不多，但法律条文如何理解与适用，是实践中的大问题，下文将介绍深圳地区的两个较为复杂的案例，以期能够清晰阐述目前司法实践中法院的观点以及在确定车位、车库归属时重点考量的几个问题。

【案例一】（2018）最高法民再 263 号及（2016）粤 03 民终 3713 号案

（一）相关事实

1999 年南山区某小区竣工验收后开始销售，车位为地下两层，共计 266 个车位，地下一层 120 个，地下二层 146 个。案涉车位 115 个，地下一层 15 个，地下二层 100 个。地下一层车位不计入容积率，不占用小区土地使用权，没有纳入公摊面积，地下二层属于民防工程。

1999 年开发商与物业公司签订前期物业合同，期限自 1999 年至 2004 年；

2008 年业主委员会与物业公司签订物业合同，期限自 2008 年至 2011 年；

2011 年业主委员会与物业公司签订物业合同，期限自 2011 年至 2016 年；

2009 年开发商因无力支付专项维修资金，与业主委员会签订协议，约定开发商出租或者出售 30 个案涉停车位，收益优先支付专项维修资金。如开发商已处置的车位归业主共有，则开发商另行补缴专项维修资金。协议签订后，开发商出租 27 个车位给小区业主，租期 20 年。另外开发商已将 106 个车位在房屋出售时租给小区业主，租期与房屋产权日期一致，一次性收取租金。

（二）纠纷过程

开发商与物业公司因车位及停车费返还问题发生纠纷。

2012 年开发商将物业公司诉至南山法院，要求物业公司交还地下车库的 115 个车位，并支付物业合同终止后收取的停车费。

南山法院认为，依据《物权法》第 74 条规定：开发商与小区业主并未约定案涉小区地下停车场的归属；地下停车场虽由开发商投资建设，但开发商也无法证明地下停车场的建设款项未列入由业主分摊的案涉小区的建设成本；而现行的法律、法规也未规定未计入容积率的区域所有权属于开发商。开发商在本案中所举的证据不足以证明开发商享有对案涉小区地下停车位的所有权。案涉小区的地下停车场作为案涉小区的重要公共配套设施，应当首先满足业主的需要。本案为物业服务合同纠纷，物业公司依据与开发商签订的前期物业合同以及与小区业主委员会签订的物业合同，依约行使物业管理权限，也并未侵害地下停车场所有权人的所有权。南山法院遂驳回开发商的诉求。

笔者简单总结：南山法院将本案案由界定为物业服务合同纠纷，将由1999年预售合同引起的纠纷适用2007年的《物权法》，同时将开发建设成本分摊情况的举证责任赋予开发商。

开发商不服，上诉至深圳中院。

深圳中院认为，开发商诉求物业公司返还车位及停车费，应界定为车位纠纷。本案焦点为开发商是否享有案涉车位的所有权：（1）《深圳房地产转让条例》自1993年10月1日起施行，该条例第13条与《物权法》第74条的规定并不冲突，应当作为处理本案的法律依据；（2）由于案涉车位均位于地下停车场，开发商与业主在房产预售合同中对地下停车场的权益没有作出特别约定，按照《深圳房地产转让条例》规定，地下停车场的权益已经随房地产同时转移，地下停车场应当归小区业主共有；（3）开发商将地下停车场部分车位长期出租给部分业主，并未经过所有权人的同意，开发商不能以其未经业主同意出租车位的行为证明其对地下停车场享有所有权。深圳法院遂维持原判，驳回开发商的上诉请求。

笔者简单总结：深圳中院将案由界定为车位纠纷，将2012年起诉的发生于1999年的纠纷，适用1993年的条例，且认为《深圳房地产转让条例》与《物权法》不冲突。

开发商仍不服，向广东高院申请再审。

2013年广东高院决定提审本案。

广东高院认为本案争议点有两个：一是本案纠纷的性质到底是物业服务合同纠纷还是车位纠纷；二是物业公司应否返还案涉车位及其租金收入。

关于纠纷性质，广东高院认为：开发商请求物业公司于委托合同期限届满之后归还案涉车位及其收益，物业公司也承认案涉车位不属于物业公司所有。本案双方当事人之间并无车位所有权争议，属于物业服务合同纠纷，二审判决将本案定性为车位纠纷，属于定性错误，予以纠正。由于开发商的诉讼请求并未涉及车位确权，而是根据双方签订的物业合同提起本案诉讼，物业公司主张开发商应当向案涉小区业主委员会主张所有权，追加业主委员会作为第三人参加诉讼，没有事实与法律依据。

关于物业公司应否返还案涉车位及其租金收入，广东高院认为：（1）开发商与物业公司签订的物业合同于2004年2月12日到期，该委托合同期满后，物业公司应当归还开发商委托给其管理的案涉车位。（2）物业合同约定，停车场的收费标准按政府规定执行，从批准收费之日起收入全归开发商公司，用于补贴物业管理费用的不足，但物业合同期满后，开发商不再是案涉楼盘物业管理的委托人，开发商已经没有补贴物业管理费用不足的义务。因此，物业公司应当将该委托合同期满后所收取的案涉车位的租金收益返还给开发商。

最终广东高院判决撤销原审判决，物业公司向开发商交还案涉的115个车位及所收取的租金。

笔者简单总结：因开发商未要求对案涉车位进行确权，广东高院将案件简化，仅判断物业合同终止后，委托人即开发商是否有权收回委托物即案涉车位。

这是开发商诉求物业公司返还车位及停车费案件到广东高院的阶段。

因广东高院撤销原审判决，案涉停车位确权问题并未得到解决，因此业主委员会将开发商诉至南山法院，要求确认案涉的115个车位归业主委员会所有并返还停车位的租金收益。

开发商抗辩：案涉地下二层的115个车位未计入容积率，且地下停车场系由其投资建设。

南山法院认为：（1）《深圳房地产转让条例》于1993年开始实施，且与《物权法》第74条不冲突，应作为本案定案法律依据，开发商在与涉诉小区业主签订房产预售合同之时，并未对地下停车库的权益进行特别约定，依据《深圳房地产转让条例》规定，地下停车库的权益已随房地产同时转移，故地下停车库应属于全体业主共有；（2）开发商没有将建筑成本和利润率告知业主，同时其也不负有该告知义务，因此开发商在以某一价格转让房产给业主时，该价格是否包含了对停车位的投资、是否已有公摊、是否已计入容积率，前述因素均不能作为认定地下停车库所有权的依据；（3）涉诉小区地下车库停车位属于小区全体业主共有，业主委员会并非涉诉小区地下车库停车位的所有权人，相应租金收益也应返还给涉诉小区全体业主；因此，南山法院判决驳回业主委员会的诉求。

笔者简单总结：南山法院作出了车位归全体业主共有的事实

认定，但仅仅因为诉求有瑕疵即驳回，笔者认为该判决违反了法官的释明义务，2002年4月1日实施的《民事诉讼证据规定》第35条规定：诉讼过程中，当事人主张的法律关系的性质或者民事行为的效力与人民法院根据案件事实作出的认定不一致的，不受本规定第34条规定的限制，人民法院应当告知当事人可以变更诉讼请求。虽然上述规定于2019年进行了修订，在第53条取消了法官的释明义务，但是在南山法院审理本案时，法官依然负有释明义务。

虽然南山法院驳回了业主委员会的诉求，但认定了案涉车位属于业主共有的事实，开发商不服，上诉至深圳中院，请求判令纠正原审法院作出的案涉车位属于小区业主共有的事实认定。

深圳中院认为：（1）《物权法》第74条仅规定了建筑区划内车位归属的约定方式，但并未涉及该部分车位的原始归属；并且依据该条规定，在涉及地下停车位权属争议时，首先应当审查当事人之间是否对地下停车位的归属存在约定，而《深圳房地产转让条例》第13条针对的也是基于对地下停车位权属不同约定产生不同法律效果的规定，两者并不冲突；（2）案涉小区房产签订房屋预售合同期间，仅有《深圳房地产转让条例》施行，因此，对于案涉小区地下停车位归属问题应适用当时已合法有效的《深圳房地产转让条例》；（3）开发商将部分地下停车位出租及收益的事实，并不能反证其对案涉小区争议的地下停车位享有权益。最终，深圳中院维持原判。

这是开发商与业主委员会关于车位归属纠纷的判决。

在开发商与物业公司关于返还车位的纠纷中，广东高院依据委托合同确认物业公司要返还车位及停车费收益。后物业公司不服，向最高检申请抗诉，2017年最高检向最高院提出抗诉，2018年最高院裁定再审，提审本案。

最高检抗诉意见认为：（1）案涉车位的所有权归全体业主所有，开发商无权要求物业公司归还案涉车位。本案中开发商在与涉诉小区业主签订房地产预售合同之时，并未对地下停车库的权益进行特别约定。地下停车库的权益已随房地产同时转移，即案涉车位应属于全体业主共有。深圳中院判决对此也作出了认定，且该判决已发生法律效力。（2）物业公司有权收取案涉车位的租金。本案中，物业公司收取案涉车位的租金，依据的是与业主委员会之间的物业合同，该合同合法有效，而开发商不是案涉车位所有权人，无权要求物业公司返还车位及收益。

最高院认为：（1）开发商与物业公司签订前期物业合同，因合同期满，开发商依合同约定请求物业公司归还车位及收益，因此本案认定为物业服务合同纠纷并无不当。（2）关于地下一层停车位，因未计入公用建筑面积及作为分摊公用面积销售给业主，且没有证据证实地下停车场成本以其他方式实际计入业主购房款中，故地下停车场开发成本并未相应分摊到商品房的出售价格之中。（3）关于地下二层停车位，因属于民防工程，根据《人民防空法》第5条的规定：人民防空工程平时由投资者使用管理，收益归投资者所有。开发商作为投资者享有地下二层车位的收益权。（4）开发商虽然在预售合同中，未对车位进行约定，但在房屋销售时与部分业主签订70年的租赁合同。因此，开发商在房屋销售时，通过另行签订租赁合同的方式对停车场权益进行明确约定，不适用《深圳房地产转让条例》第13条的规定，深圳中院依据上述规定，认定案涉车位归全体业主的前提不能成立。（5）2009年因开发商无力支付专项维修资金，与业主委员会签订协议，约定处置部分车位收益优先支付专项维修资金，也表明业主委员会、物业公司、部分业主对开发商将其所有的车位出租没有异议；故最高院最终没有采纳最高检的抗诉意见，维持广东高院判决。

笔者简单总结：最高院认为，（1）在案涉停车位没有计入容积率的情况下，如无法证明建设成本计入购房款则归开发商所有，也即将建设成本的举证责任赋予业主委员会；（2）最高院认为，房地产首次转让合同是否对车位进行约定，不仅包括预售合同，而且包括房屋首次销售时签订的租赁合同，只要与部分业主进行约定即可视为已有约定；（3）最高院否认了车位归业主共有的事实认定。

以上便是本案的情况，仔细研读我们会发现各级法院对法律适用及法律观点的冲突，笔者暂不做评论。

【案例二】（2018）粤民申 6070-6085 号、（2020）粤民申 4484-4499 号案

本案系开发商将深圳市盐田区某小区安居房地下车库中的 16 个车位出售给 5 名业主，业主委员会与开发商、5 名业主引发的纠纷。

（一）纠纷简要过程

2013年业主委员会将两开发商（原开发商以下简称开发商A，现开发商以下简称开发商B）及 5 名业主起诉至盐田法院，要求确认地下车库归业主共有，赔偿损失，5 名业主返还向开发商所

购车位。

盐田法院驳回业主委员会的诉讼请求，业主委员会上诉。

深圳中院维持原判，驳回业主委员会的上诉请求，业主委员会向广东高院申请再审。

广东高院提审后，裁定撤销原判，将案件发回盐田法院重审。

盐田法院经重新审理后，判决5名业主返还所购车位给业主委员会，驳回业主委员会其他诉求；开发商、业主委员会、5名业主均不服，提出上诉。

深圳中院认为案涉小区系安居房，根据相关法律规定不属于人民法院审理范围，可找行政主管部门解决，遂撤销一审判决，驳回业主委员会的起诉；业主委员会不服，向广东高院申诉，请求再审。

广东高院认为，案涉小区经补交地价已转成商品房。案涉车库纠纷既不属于历史遗留的落实政策性质的房地产纠纷，也不属于因行政指令而调整划拨、机构撤并分合等引起的房地产纠纷，更不属于单位内部建房、分房等而引起的占房、腾房等房地产纠纷，因此属于平等民事主体之间的财产纠纷，遂裁定指令深圳中院再审。

2019年深圳中院进行再审，判决5名业主返还车位，开发商A赔偿车位占用费45000元。开发商A及5名业主申请再审。

广东高院驳回再审。

（二）相关事实

1. 一审法院盐田法院查证事实。

（1）2001年开发商A与案外人签订《合作建房协议》，2003

年开发商 A 将《合作建房协议》所有权利义务转让给开发商 B，但是以开发商 A 的名义签订预售合同；（2）2004 年案涉小区验收合格，不计容积率面积 624.77 平方米；（3）2005 年，开发商 A 与业主签订《安居房买卖合同》，未就车库权属作出约定，后案涉小区经补交地价转为商品房；（4）开发商 B 与 5 名业主签订《车库使用权转让协议》，期限与房屋使用年限相同；（5）2012 年开发商 A 出具《确认书》称案涉车库系架空结构，没有计入容积率，属于业主共用面积，用于业主停放车辆，未对外销售；后又出具说明，称上述《确认书》系工作人员不了解情况加盖的公司公章，不是其真实意思，且其只是名义开发商，无权对车库及架空层的所有权加以确认。

2. 二审法院深圳中院新查证事实。

案涉小区初始权利人为开发商 A，案涉车库未计入容积率，系未分摊的共用面积。

3. 盐田法院重审查证事实。

（1）深圳市原规划和国土资源局提供了案涉小区于 2001 年 12 月上报的设计阶段的平面组合图。（2）业主委员会于 2012 年成立，已通过备案及授权。（3）案涉小区建设用地规划许可证中市政设施要求机动车泊位数为 70 个。（4）2016 年深圳市规划和国土资源局复函："不计容积率面积为 717.56 平方米，其中 92.79 平方米为设备间，624.77 平方米为车库，性质为不计容积率的核增面积。"（5）结合平面组合图，案涉小区规划车位 64 个，地上 48 个，案涉架空层车库 16 个。（6）1999 年 7 月 1 日《深圳市建筑设计技术经济指标计算规定》（以下简称《规定》）第 3.5.2 条规定："不分摊公用建筑面积"包括"符合 4.2.1 条核增建筑面积要求的特定用途的建筑面积"；第4.2.1条核增建筑面积规定：系"规划行政主管部门为保证公众安全、改善环境、鼓励配建机动车停车位等目的，允许对建筑中一些特定用途的建筑空间增加等量的建筑面积；以下情形属于增加核增建筑面积的情形之一：第4.2.1.1条规定：在建筑物内开辟城市公共通道、城市公共开放空间或建筑楼层架空作公共停车、绿化休闲使用，必须符合以下条件：……（3）建筑楼层架空作公共停车。建筑楼层（包括一层）架空或裙房屋顶层主楼架空用作停车，但必须符合有关设计规范"。（7）2004年4月1日施行的《深圳市城市规划标准与准则》中有"主要项目配建停车场（库）的停车位指标"的规定：住宅的车位配比标准为每100m²建筑面积的停车位指标为0.6—1.0。

（三）法院观点

1. 盐田法院第一次一审认为：（1）我国实行物权法定原则，即物权的种类和内容均须由法律规定，不允许当事人自由创设或者变更。因此，本案不能以开发商B出具的《确认书》来判定案涉车库的权属。（2）依据《物权法》的规定，不动产物权的设立、变更、转让和消灭，经依法登记，发生法律效力；未经登记，不发生法律效力，但法律另有规定的除外。因此，当事人主张对不动产享有所有权应当举证证明该不动产已经登记在其名下，或者符合法律另有规定的情形。本案业主委员会并不能证明以上情形。（3）《深圳房地产转让条例》规定的是停车场的适用条款，本案涉及相对封闭的车库，两者在构造上和利用上具有不同。（4）另外，《深圳房地产转让条例》系地方性法规，效力位阶低于《物权法》，不应适用《深圳房地产转让条例》。

笔者简单总结：盐田法院认为车库不属于停车场，不适用《深圳房地产转让条例》。

2. 笔者未检索到深圳中院第一次二审的判决文书。

3. 经高院发回重审后，盐田法院第二次一审认为：（1）案涉车库面积虽未计入分摊，但相关文件均写明其为"架空层"，表明案涉车库目前虽为独立结构，但在设计规划及竣工验收阶段，均视其整体为架空层，且案涉车库为核增面积，因此该部分虽然未由业主分摊，但仍然属于共用面积；（2）开发商A将《合作建房》相关权益转让给开发商B，虽然开发商B与5名业主签订有租赁合同，但开发商B并非初始权利人，不符合《条例》规定的首次转让的主体条件，须以开发商A与业主签订的《安居房买卖合同》为准，但上述合同并未就车库进行约定；（3）虽然案涉车库权益已于案涉小区物业交付全体业主时随之转移，应当对案涉小区全体业主对案涉车库的权益予以确认和保护，但深圳市目前尚未开展对地下室停车位的产权登记工作，案涉车库的产权何时登记以及应如何登记，均有待政府主管部门在相关政策、法律明确之后根据具体情况予以确定，对于案涉小区业委会要求确认案涉车库所有权的主张，一审法院不予支持；（4）案涉车库的相关权益应随案涉小区房产交付业主时一并转移，故应由小区业主享有车库的占有使用权，5名业主应当返还；（5）案涉小区业委会的权利受到妨害的后果是影响正常停车，而不是财产性收益损失，案涉小区业委会没有为车库支出建设成本，也没有为车库实施维修、养护、设施管理、卫生保洁等管理行为支出养护成本，故其主张经济损失依据不足。

笔者简单总结：盐田法院认为是否计入容积率不是决定所有

权的归属的唯一标准，且首次转让合同有严格的主体限制。

4. 深圳中院第二次二审认为，因案涉小区系安居房，本案不属于法院主管范围。

5. 经广东高院指令深圳中院再审后，深圳中院第三次二审认为：（1）案涉小区在2007年以前建成并投入使用，此时《物权法》尚未颁布实施，因此，本案应适用小区建成时的法律规定；（2）根据《条例》第13条规定，案涉小区在销售时，房地产买卖合同对停车场的权益没有特别约定，因此，停车场的权益随房地产买卖合同同时转移给全体业主所有；（3）案涉车库的权益归全体业主所有，开发商A作为案涉小区的开发商和销售者应在案涉小区房屋竣工交付时同步移交给全体业主，否则应赔偿业主因此遭受的损失，开发商B将车库出租属于物权处分行为。深圳法院判决，5名业主返还案涉的16个车位，开发商A赔偿损失45000元。

6. 广东高院再审认为：（1）《条例》中的停车场是指可供停车的场地，包括单独的停车库、停车位以及成片的停车场等，再审申请人主张案涉车库是封闭车库，不属于上述条例所规定的停车场范畴，理据不足；（2）案涉车库面积虽未计入分摊的公用面积，但从规划部门的《复函》内容可看出，案涉车库的面积是为保证公众安全、改善环境、鼓励配建机动车停车位等公共目的而由规划部门特许核增的面积。开发商A建设的停车位除案涉16个车库以外仅有48个，远未达到案涉小区规划设计时70个车位的配备标准。开发商B在建设车位数量不达标、未依规划设计要求满足业主公共停车需求之时，将规划部门特许的核增面积作为私家车位对外出售，有损案涉小区全体业主的集体利益。再审申请人以案涉车库面积未计入分摊为由，主张案涉车库属于开发商原始取得的权益故可自由转让，理由不足。

笔者简单总结：广东高院从文义解释的角度将停车场定义为可供停车的场地，包括车位、车库及成片的停车场，且根据规划部门的复函将案涉车位确定为核增面积，从而确定车位归业主共有。

三、笔者对于车位相关问题的观点

需要说明的是，因《民法典》对车位问题实质内容并未进行修订，且《民法典》颁布时间不久，所以本部分以《物权法》暂代《民法典》讨论下列问题。

1. 关于规划车位，《深圳房地产转让条例》与《物权法》是否冲突？

笔者认为《深圳房地产转让条例》与《物权法》并不冲突，首先《物权法》赋予当事人通过约定的方式确认规划车位归属的权利，如当事人有约定，则直接适用《物权法》的规定。同时，权利也是可以不行使的，双方可以不约定规划车位的归属，如没有约定，则适用《深圳房地产转让条例》的规定。

2. 预售合同签订在《物权法》颁布前，纠纷发生在《物权法》或《民法典》颁布后，规划车位纠纷如何适用法律？

法律适用的原则是法不溯及既往，即法律不能约束法律颁布以前的事情，因此笔者认为如预售合同在《物权法》颁布前签订，应适用《深圳房地产转让条例》的规定，毕竟《深圳房地产转让条例》规定了预售合同有约定的车位的归属情况。

3. 车位开发建设成本的举证责任主体是开发商还是业主？

虽然在第一个案件中，在案涉车位没有分摊的情况下，最高院认为业主委员会应当举证证明车位建设成本已经分摊到购房款中。但《民事诉讼证据规定》提到了当事人的举证能力的问题，且在《举证责任分配的一般与特殊规则研究》[①]一文中，作者厦门中院认为，举证能力是指当事人履行举证责任时所表现出来的行为能力，举证能力往往与证据距离有密切关系。证据距离即当事人距离证据的远近。接近证据的一方本来就具有举证方面的优势，举证能力相对而言要强一些，让其承担举证责任，可以节省举证成本，提高诉讼效率，大大减少举证不能情况的出现。因此，笔者似乎明白了最高院在《中华人民共和国民法典物权编理解与适用》一书中，提到的应当由开发商承担举证车位的开发建设成本是否分摊到购房款中的义务的理由了，其根本原因就在于举证能力的问题，如一方本应提供在其控制下的证据而未提供，根据民事诉讼原理应当承担不利后果。

4. 如部分预售合同约定了规划车位归属、部分预售合同没有约定规划车位归属，对全体业主而言应视为已约定还是未约定？

在案例一中，最高院认为，只要部分约定对全体业主而言即视为约定，不应当适用《深圳房地产转让条例》没有约定即归全体业主所有的规定。但在（2019）粤 03 民终 28871 号案中，业主委员会提交的合同没有约定车位归属，开发商提交的合同却有约定归属，南山法院认为车位归属于开发商，也即部分约定也视为有约定。而在（2020）粤 03 民终 22651 号案中，同样是业主委员会提交的合同没有约定车位归属，开发商提交的合同有约定归属，南山法院认为案涉车位属于开发商所有，但深圳中院却认为开发

---

① 中国法律网：https://www.chinacourt.org/article/detail/2003/04/id/48254.shtml

商仅与部分业主约定车位归开发商所有，另有部分未约定，对全体业主而言应视为没有特别约定。同样的情形出现了不同的结果，这无疑说明了车位问题的复杂性。

笔者认同规划车位暗含原始所有权归开发商所有的观点，因此笔者认为对部分业主作出约定即可认定为有约定，不应当适用无约定的法律规定。毕竟并非所有的业主都有停车的需求，也即不是所有的业主都需要购买或者租赁或者受赠车位，而开发商与有车位需求的部分业主约定车位归属和使用方式，也可以认为是开发商在行使车位所有权的体现。

5. 最后回到最高院在《中华人民共和国民法典物权编理解与适用》中的观点，在合同没有约定车位归属的情况下，即便车位没有被分摊，没有计入容积率，也不考虑是否存在核增面积，《理解与适用》均认为应由开发商进行举证。笔者认为其理由主要是《民法典》第 352 条也即《物权法》第 142 条规定：建设用地使用权人建造的建筑物、构筑物及其附属设施的所有权属于建设用地使用权人，但是有相反证据证明的除外。随着开发商房屋的销售，建设用地使用权也归全体业主所有，开发商也不再享有任何建设用地使用权，车位归属开发商没有理由。如基于上述考虑以及举证能力的实际情况，笔者也赞同由开发商举证建设成本分摊的情况。

四、有关停车位纠纷的几点建议

笔者认为，关于停车位纠纷应当关注以下几点：（1）要确定停车位的类型，因为不同类型的车位是否可以约定以及约定效力是不一样的。如车位是占用业主共有部分如架空层，无论预售合同如何约定权利归开发商所有都是无效的，这是开发商侵害业主共有部分的表现；如车位是人防车位，鉴于人防工程秉承谁投资谁受益的原则，无论是否约定，收益权均应由开发商享有。（2）看预售合同签订时间及是否有约定，如预售合同签订时间在《物权法》颁布前，应适用《深圳房地产转让条例》的相关规定，如预售合同签订时间在《物权法》颁布后，应根据合同上是否有约定分别适用。如合同有约定，则适用《物权法》规定；如合同没有约定，则适用《深圳房地产转让条例》规定。（3）在业主购买车位时，一定要注意车位的属性以及开发商是否有权处分车位，如案例二中购买车位的业主只能向开发商诉求归还购买车位款。（4）一定要发挥业主委员会的作用，案例二的业主委员会就是坚决维护全体业主权利的典型代表。另外，虽然开发商对前期物业合同具有掌控力，但随着业主委员会的成立，全体业主也可选择自己满意的物业公司。因此，实践中也出现过业主委员会通知物业公司，不得将开发商所有的停车位产生的停车费交给开发商的情况，还有直接更换物业公司将开发商所有的停车位产生的停车费纳入业主共有账户中，最终导致开发商诉求业主委员会、物业公司停止侵权返还车位的情况，读者可参考（2019）粤03民终1229号案及（2021）粤民申1893号案，虽然最终确认车位归开发商所有，但笔者认为这意味着业主权利意识的觉醒，无论结果如何，都是伟大的进步。

车位问题复杂，利益纠葛深，本文很难将车位问题完全讲清楚，仅希望本文对读者有些许启发。

必 备 法 律 知 识 ⑯

能否取消共有车位固定挂牌模式

停车难是都市人普遍面临的问题，本文我们讨论业主共有车位的问题。在小区交付初期为更好维护停车秩序，物业公司一般采取固定挂牌模式，随着小区入住人数及机动车数量的增加，后入住或者后买车的业主面临车辆无处可停的困扰，那么这些业主是否可以诉求取消固定挂牌模式？

首先，我们应当明确的一点，本节讨论的是业主共有的车位，不是开发商出租或者出售给其他业主的专有车位，因为对于他人如开发商、其他业主所有的车位如何使用，非所有权人是无权干涉的。

【案例】（2021）粤03民终9545-9572号案

福田区某小区的28名业主诉求取消该小区地下停车场固定挂牌管理模式，恢复为业主平等使用。但是根据法院查明的事实：该小区规划许可证中记载地下车库不计容积率，规划的停车位全部为自用；业主与开发商签订的《深圳市房地产买卖合同（预售）》及一审法院调取的本小区其他房屋的一手房买卖合同多数都约定停车场权益由开发商所有。因此在没有证据证明车位为业主共有的情况下，上述28名业主的诉求不可能得到支持，因为车位根本就不是业主共有的东西，业主没有权利插手车位的使用。即便以满足业主需要为由，变动停车管理模式对全体业主影响重大也属于业主大会决定事宜，部分业主也无权仅仅以自己没有位置停车为由要求变更停车管理模式。

类似的还有（2020）粤 0306 民初 42903-42921、43409 号案。

其次，对于共有部分的使用，一般是随机、轮流使用，如电梯、运动器械、儿童滑梯等，而属于业主共有的车位一般也采取随机、轮流的使用方式，也即先到先得，而部分小区为了更好地维持小区内的停车秩序，也方便业主停放车辆，采取固定挂牌模式，也即为共有部分设定专用使用权。类似于业主对外墙的专用使用权，即房屋对应外墙的使用权一般归业主专用，没有人会允许他人的空调外机挂在自己家房屋对应的外墙上。

再次，对于共有车位，业主是有共同管理权的，因此理论上是可以通过业主大会表决是否取消固定挂牌的管理模式的，但是鉴于存在有明显利益冲突的有牌业主和无牌业主双方，与有车位的业主相比没有车位的毕竟是少数，因此通过业主大会决议，由多数人决定少数人的利益其实很难维护少数没有车位业主的权益。

最后，上述问题即没有位置停车的业主是否可以诉求取消固定挂牌的管理模式可进一步明确为，对于业主共有的车位在不能满足全体业主停车需求的时候，是否应当取消固定挂牌以恢复随机、轮流、先到先得的使用方式？如果可以取消，法律依据是什么？

【案例】（2018）粤 0305 民初 9278-9282 号案

南山某小区 5 名业主因小区没有位置停车，遂诉至法院要求取消固定挂牌模式，法院认为，物业公司采用固定挂牌模式对地下停车场进行管理，导致案涉小区业主无法平等地共同使用地下停车位，违法了相关规定，现原告要求物业公司取消地下停车场车位的固定挂牌，恢复为全体业主平等使用，符合相关法律规定，遂判决取消地下停车场车位的固定挂牌，恢复为全体业主平等使用。

上述判决正确，但说理并不充分，笔者补充如下：

我们回到问题的本质，也回到笔者一贯的以权利为本位的思路上，上述问题可以转换为业主对共有部分的使用权是什么样的，固定挂牌模式是否损害了业主对共用部分的使用权？

我们在必备法律知识13中提到，业主对共有部分的使用权是随机、轮流使用，是非排他性的使用权，并且这种使用必须按照物的属性、用途来使用，这种使用权可以称为业主的一般使用权或者非排他性使用权。对共用部分使用不分份额，所强调的是每一个业主或物业使用人均有同等的机会使用。[1]

对于业主共有的停车位，在车位充足、业主都有车位停的情况下，固定挂牌制度不仅保障了业主的同等使用的机会，也更好地维护了小区的停车秩序，但是随着车辆的增多，必然产生个别业主无法同等使用业主共有部分的情形，对于该业主而言无疑是不公平的。

因此笔者认为，基于业主对共有部分的平等使用权，如小区车位不足以满足小区车辆停放，固定挂牌的管理模式也失去了保障业主同等使用共有部分机会的正当性基础，应当予以取消，同时我们可以进一步认为，任何有碍业主对共有部分公平使用的行为均属于违法行为，无论行为人是其他业主、开发商还是物业公司，均应取消。

---

[1] 高富平,黄武双.物业权属与物业管理[M].北京:中国法制出版社,2002:78.

必备法律知识17

架空层：一个比车位简单点的问题

首先，架空层并非一个法律概念而是一个建筑概念，根据《住宅设计规范》（GB 50096-2011）2.0.19的定义，架空层是指仅有结构支撑而无外围护结构的开敞空间层。

2020年3月1日实施的《深圳物业条例》第11条中明确规定：架空层属于业主共有部分。因此架空层属于公共部分有了明确的法律依据。那么2020年3月1日以前，架空层是否可以定性为共有部分？这个问题类似于在《民法典》之前利用共有部分产生的收益是否属于业主共有。

2009年10月1日起实施的《建筑物区分所有权纠纷解释》第3条，并未明确规定架空层属于共有部分，仅规定：除法律、行政法规规定的共有部分外，建筑区划内的以下部分，也应当认定为民法典第二编第六章所称的共有部分：（1）建筑物的基础、承重结构、外墙、屋顶等基本结构部分，通道、楼梯、大堂等公共通行部分，消防、公共照明等附属设施、设备，避难层、设备层或者设备间等结构部分；（2）其他不属于业主专有部分，也不属于市政公用部分或者其他权利人所有的场所及设施等。那架空层是否属于上述条文规定的情形呢？

笔者认为：（1）架空层通常位于房屋首层，因无外围护结构形成一个开敞空间，即可以用于通行、停放车辆、供业主公共娱乐等。因此架空层可以归为公共通行部分；（2）在必备法律知识3中，笔者提到构成专有部分的一个很重要的条件是物理构造上的独立性和使用上的排他性，而物理构造上的独立性和使用上的排他性的主要标志就是通行的直接性且具有独立入口，最常见的例子即是业主购买的房屋，房门是独立入口，且可以排除他人对房屋的使用。而架空层属于无外围护结构的开敞空间，很明显不具备独立入口，不具备使用上的排他性。

因此，从基本的建筑物区分所有权理论而言，架空层不具备成为专有部分的物理基础。即便开发商将架空层封闭然后出租给他人使用，甚至进行了登记，使其具备构造上的独立性和使用上的排他性以及对外的公示性，也改变不了架空层所有权归业主共有的原始属性。即笔者常说的不能因为用途变了所有权归属就变了，也即所有权不会随着用途的变更而变更。开发商将架空层改为构造上具有独立性，使用上具备排他性，甚至进行登记使其具备专有部分的属性只能证明其行为的违法性而不能反推架空层属于开发商所有。

同时《建筑物区分所有权纠纷解释》第2条也明确规定：建筑区划内符合下列条件的房屋，以及车位、摊位等特定空间，应当认定为民法典第二编第六章所称的专有部分：（1）具有构造上的独立性，能够明确区分；（2）具有利用上的独立性，可以排他使用；（3）能够登记成为特定业主所有权的客体。其中应注意的是第（3）项中是能够登记而不是已登记，能够登记是一种应然状态，也即能够登记的情况下不论是否登记只要符合前两项即可以认定为专有部分，而不能登记的情况下即便因登记错误已登记也不能认定为专有部分。

综上，笔者认为，《深圳物业条例》仅仅是对架空层的业主共有属性进行确认强调，只是提供了直接的法律依据，就像《民法典》第283条规定利用业主共有部分产生的收益归业主所有一样，这样的法律规定和结论是可以通过现行法律规定及逻辑推理得出的。

我们来看一个笔者认为法院说理非常充分的案例。

【案例】（2019）粤03民终33737号案

2002年8月19日，深圳市原规划与国土资源局龙岗分局就案涉小区2区B1-B2、B3-B4栋颁发了深规土建许字LG2002258号《建设工程规划许可证》，显示案涉小区2区B1-B2、B3-B4栋核增建筑面积496m²，建筑功能为架空停车等。该许可证的附件平面图记载案涉架空层规划为"架空活动室和自行车"。

2003年1月14日，深圳市原规划与国土资源局龙岗分局颁发了深规土设验字LG2003021号《建设工程规划验收合格证》，内容为："住宅面积8123.44平方米，架空绿化停车面积495.98m²（属核增面积、未封闭），计容积率建筑面积8619.43平方米。"附件平面图显示案涉架空层区分为四块区域，分别为架空层1（活动室）89.76m²、架空层2（活动室）158.23m²、架空层3（活动室）88.76m²、架空层4（车库）159.23m²。

案涉小区竣工验收后，开发商在未办理合法的建筑审批手续的情况下，在各栋楼宇首层架空层处建设房屋并占有使用，将房屋用于库房、办公室、维修班用房、物业公司用房、护卫队用房等。

由于小区业主与开发商、物业公司就小区架空层及其架空层内房屋的权属和交付问题发生纠纷，案涉小区业主委员会遂将开发商和物业公司诉至龙岗法院，要求确认架空层为业主共有。

龙岗法院关于架空层权属论述如下：

首先，架空层属于住宅楼的一部分，既不具有构造上的独立性，也不能排他使用，也无相应宗地号的土地使用权面积份额，不能单独取得土地使用权证，依据《建筑物区分所有权纠纷解释》第2条，案涉架空层因不具备成为专有部分的条件，不属于建筑物的专有部分。

其次，在传统民法上，建筑物区分所有权人对建筑物的共有部分包括以下三种形态：（1）建筑物的基本构造部分，如承重墙、支柱等为保持建筑物安全、构造等必需的部分；（2）建筑物的公用部分及必须具备的附属物，如楼梯间、消防设备等。该部分乃系维持建筑物的使用和性质必须具备的设施、设备；（3）仅为部分专有权人共有的部分，如各楼层之间的楼板等。所谓架空层是指仅有结构支撑而无围护结构的开敞空间层，应属于前述第（2）点建筑物的公用部分及必须具备的附属物。

《物权法》虽然自2007年10月1日起方施行，但并不与此前的建筑物区分所有权理论冲突，也不与此前生效的法律冲突。因此，适用《物权法》及上述司法解释并不违反法律适用的一般原则。

再次，是否参与面积公摊不是决定该部分权利归属的唯一依据。根据深规土〔1999〕255号《深圳市建筑设计技术经济指标计算规定》第4.2条规定：在建筑设计审批时，规划行政主管部门根据政府鼓励与限制性政策规定，按本规定4.2.1条对《建设用地规划许可证》与《土地使用权出让合同书》中规定的建筑容积率（以下简称"规定建筑容积率"）进行核增调整，与之对应的建筑面积称为核增建筑面积，即调整建筑容积率＝（规定建筑面积＋核增建筑面积）/建设用地面积。该规定第4.2.1条规定：核增建筑面积是规划行政主管部门为保证公众安全、改善环境、鼓励配建机动车停车位等目的，允许对建筑中一些特定用途的建筑空间增加等量的建筑面积。而案涉架空层规划为核增面积，用途为活动、停放自行车等，属于建筑区划内的其他公共场所。由此可见，案涉架空层是作为特定用途进行规划并且验收的，为行政主管部门根据政府鼓励政策进行调整的部分，不属于市政公用部分或者其他权利人所有的面积，该部分因其为核增面积不计入公摊范围，但计入容积率的计算，该二者不冲突，也不影响案涉架空层为共有的性质。

最后，开发商是整个小区的投资建设方，其已经通过商品房的销售行为获取相应的收益，而案涉架空层作为符合法律规定的共有部分，系案涉小区房产不可分割的部分，因此，开发商主张案涉架空层为其所有，缺乏依据。

二审法院深圳中院进一步认为：（1）不纳入公摊面积和不计入容积率均不能直接作为认定建筑物所有权归属的依据，在没有合同依据，且无相关登记证书的情况下，开发商以此主张所有权，依据不足；（2）预售合同明确将架空层约定为公有部分，可见双方在签订买卖合同中已经就架空层的归属进行了约定；（3）即使不考虑预售合同的约定，开发商也未提交有效证据证明案涉架空层属于市政公用部分或者其他权利人所有，根据《建筑物区分所有权纠纷解释》第3条，一审法院认定案涉架空层应归全体业主共有，也依法有据。

最终，深圳中院维持一审判决，确认架空层为业主共有。

关于架空层的其他案例，读者可自行参考（2015）深中法房终字第1552号、（2018）粤03民终19518号、（2021）粤03民终11819号、（2021）粤03民终8432号案件。

基于架空层并不像车位分为众多种类，且有明确单一的法律规定，所以架空层的问题并不复杂，笔者简单阐述如上。

成员权

业主能否批评业主委员会和物业公司？
——谈业主如何合法吐槽

回答本文问题前我们先看一个案例。

【案例】（2018）粤03民终19930号、（2019）粤03刑终1993号案

刘某甲是深圳市福田区某小区业主委员会委员，刘某乙是同小区业主。因刘某甲、刘某乙在物业是否续聘、物业费、公共设备维修等问题上存在争执，刘某乙便在业主群发表如下内容："还有不足20天寿命的二届业委会，自己要求推迟换届选举，对20%以上业主要求开'是修是换电梯'等议题，临时业主大会置之不理，没有过三分之二业主通过居然敢动物业维修资金，物业服务合同没有经业主大会表决通过居然与物业签续约合同且擅自上涨物业费，谁给他们违法违规的胆量……"，并且在小区内散发传单，传单内容如下："第三届业委会选举投票友情提醒！第二届业委会的做法：（1）从未按规定每年定期公布缴费情况。（2）物业管理用房收益8年100多万不知去向。（金额以第三方审计为准）（3）《物业服务合同》不按规定经业主大会表决同意，不顾每月

有盈余，强行上涨物业管理费。（即使业委会与物业公司签合同，2017年1月17日也到期终止）（4）有在政府备案的《议事规则》《业主规约》没有向业主公示！（5）8年物业管理相关的费用（金额以第三方审计为准）可以考虑换电梯，却一直在'修'（而且业主根本不知在修啥，电梯屡屡出现吓人事件）。（6）《深圳物业条例》第87条规定，要2/3以上的业主同意，才能动用物业维修资金，但第二届业委会在投票业主不足2/3的情况下却能通过政府审批，而且准备强行使用。第二届业委会的管理工作情况一目了然！上一届（第二届）业委会成员：刘某甲（主任）、徐某（副主任）、胡某、彭某、李某、曹某（秘书）。建议业主选择新参选的候选人！"

刘某甲遂以刘某乙侵犯其名誉权诉至福田法院，要求刘某乙立即停止侵权、书面道歉且在小区公示，并赔偿名誉精神损失50000元。

一审法院认为：名誉是社会上人们对公民或者法人的品德、声誉、形象等各方面的综合评价。侵犯名誉权是指行为人利用各种形式侮辱、诽谤他人的名誉，导致受害人的社会评价降低。本案中，被告在业主群内的留言"……物业服务合同没有经业主大会表决通过居然与物业签续约合同且擅自上涨物业管理费，谁给他们违法违规的胆量……"并没有使用明显的侮辱诽谤的语言，不对原告的社会评价降低。此外，被告以在小区发传单的方式表达对业委会工作以及原告工作方式的不同意见，是业主对业委会的工作行使监督权的体现，虽然其中有些用语值得商酌，但尚不构成侮辱、诽谤名誉。同时原告并未举证证明相关部门对其评价因被告散发传单而降低，因此原告要求被告承担名誉侵权的诉讼请求，难以支持。需要指出的是，业主在对业委会的工作行使监督权并提出批评建议时，应当注意心平气和，保持理性的态度，避免使用过激的语言，从而造成业主与业委会之间的纠纷。刘某甲不服，上诉至深圳中院。

二审法院认为："公民、法人享有名誉权，公民的人格尊严受法律保护，禁止用侮辱、诽谤等方式损害公民、法人的名誉。"故名誉权是公民人格权的一种，受法律保护，以侮辱、诽谤或者具有同等恶劣程度的方式损害他人名誉的，应当承担民事责任。与此同时，发表言论是公民的一项基本权利，认定他人的言论是否构成名誉侵权时，应当在名誉权和言论权利之间取得适当的平衡，除考虑言论的内容是否具有侮辱、诽谤的特性外，还应当考虑当事人的身份、地位以及言论的内容与当事人之间的关系。本案刘某甲和刘某乙居住在同一小区，刘某甲为业委会主任，刘某乙为业主，业委会对小区事务的管理和决定涉及双方的利益，因此刘某甲作为业委会主任，如何履行职务涉及众多业主的利益，业主对业委会适当履行职务有合理的监督权利，业委会主任对业主就小区的管理和业委会履行职能的事项的批评应当有高于一般人的容忍。本案上诉人主张的言论侵权的内容基本是针对业委会的职责，虽然存在过激的批评，但未达到侮辱、诽谤的程度，故一审认定未构成名誉侵权，并无不当。因此，二审法院也驳回了刘某甲的上诉，维持原判。

另外，刘某甲同时以诽谤罪向福田法院刑事自诉刘某乙诽谤。一审法院认为：诽谤罪是指捏造事实诽谤他人情节严重的行为。自诉人刘某甲提供的业主群微信聊天截屏的内容不足以证明被告人刘某乙捏造事实，更无法证明已达到情节严重程度，遂裁定驳回刘某甲的起诉。二审法院也以同样的理由驳回了刘某甲的上诉。

虽然业主刘某乙最终没有承担责任，但似乎也为业主在表达对业主大会、业主委员会、物业公司不满时注意言论尺度敲响了警钟。

因此，我们应当思考的第一个问题是，业主如果对业主大会、业主委员会、物业公司不满，能不能对其表达不满，提出批评，也即业主有没有批评的权利。当然从朴素的社会主义价值观以及言论自由的角度讲，业主当然有批评业主大会、业主委员会和物业公司的权利，最通俗的说法就是"干的不行还不让人说了"，但作为律师还是应当寻找法律依据。

经过检索，关于"批评"在我国现行法律主要规定如下：（1）《宪法》第41条第1款规定：中华人民共和国公民对于任何国家机关和国家工作人员，有提出批评和建议的权利；对于任何国家机关和国家工作人员的违法失职行为，有向有关国家机关提出申诉、控告或者检举的权利，但是不得捏造或者歪曲事实进行诬告陷害。（2）《行政处罚法》第9条中规定：行政处罚的种类：（一）警告、通报批评。（3）《劳动法》第56条第2款规定：劳动者对用人单位管理人员违章指挥、强令冒险作业，有权拒绝执行；对危害生命安全和身体健康的行为，有权提出批评、检举和控告。

笔者认为：《宪法》中的批评，是一种公民的政治权利；《行政处罚法》中的批评是一种行政权力，即公权力；《劳动法》中的批评是一种民事权利。纵观《民法典》《物业管理条例》《深圳物业条例》，其中并无"批评"的字眼。因此，要想解决该问题，似乎要从业主权利中的成员权入手。

关于业主成员权主要体现在《物业管理条例》第 6 条：如提议召开业主大会会议，并就物业管理的有关事项提出建议；提出制定和修改管理规约、业主大会议事规则的建议；参加业主大会会议，行使投票权；选举业主委员会成员，并享有被选举权；监督业主委员会的工作；监督物业服务企业履行物业服务合同；对物业共用部位、共用设施设备和相关场地使用情况享有知情权和监督权；监督物业共用部位、共用设施设备专项维修资金的管理和使用；法律、法规规定的其他权利；以及《民法典》第 278、280 条：对于业主大会、业主委员会侵害业主合法权益的决定有权撤销。归结起来主要有：建议权、表决权、选举权和被选举权、知情权、监督权、撤销权。

同时《深圳物业条例》第 15 条规定：业主依法享有下列权利：（1）参加业主大会会议，发表意见，行使投票权；（2）选举业主委员会、业主监事会或者监事，并依法依规享有被选举权；（3）监督业主委员会、业主监事会或者监事的工作和物业服务企业履行物业服务合同的情况；（4）对共有物业和业主共有资金使用管理的知情权和监督权；（5）就制订或者修改物业管理区域管理规约、业主大会议事规则、物业服务合同及其他物业管理事项提出意见和建议；（6）法律、法规规定的其他权利。

从直观上，笔者认为跟"批评"最相关的是《深圳物业条例》所规定的提出意见的权利，那么"批评"和"提出意见"有什么关联和区别呢？所以问题似乎又回到了笔者认为的：概念是一切法律知识、法律思考和法律工作的基石。《现代汉语词典》第 7 版对"批评"的第二种定义如下："专指对缺点和错误提出意见。"因此从"批评"的定义看，"批评"属于提出意见的一种，因此，依据《深圳物业条例》的规定，业主当然具有批评的权利，包括批评物业公司、业主大会、业主委员会及其他业主等。而"吐槽"是指"发表不满的言论和意见"，因此"吐槽"也属于提出、发表意见的一种，业主当然可以吐槽业主委员会和物业公司。

上述论证的过程可以归纳为，提出问题，寻找法律依据的过程，需要将可能的法律依据与问题进行对比，整个的过程是比较烦琐的。但如果笔者先分析界定问题，如："吐槽"是什么意思，"批评"又是什么意思，当确定了"吐槽""批评"的本质是发表意见，自然就可以清晰地定位到《深圳物业条例》第15条发表意见的规定。因此，如笔者强调，概念是一切法律知识、法律思考和法律工作的基石，同时，熟悉概念也是解决法律问题最高效的途径。所以，当我们遇到一个问题时，如业主能不能批评业主委员会、物业公司，先确定下谁是业主、什么叫批评。

既然业主有批评的权利，可以表达对业主委员会、物业公司的不满，那么我们接下来应当关注如何合法地表达不满、行使批评权利，保证不侵犯他人名誉权。

我们先来看两个吐槽导致侵犯他人名誉权的案例。

【案例一】（2020）粤 0306 民初 24382 号案

陈某系深圳市宝安区某小区业主，因不满物业公司的服务，向小区业主派发三份相关资料：

1.《小区业主防坑指南》，该指南有数页，每页的主题与图文均不相同。

（1）主题为"永远修不好的电梯"，配图为充满恐惧站在电梯内的"业主"与长着牛角的独白为"正常现象，改变自己的心态就不怕了！"的"物业"，配文为"电梯要修物业爽，一直修一直爽！真是一个套用本体维修资金的好方法！"

（2）主题为"承诺却从未刷的外墙"，外墙大事记，"开发商卖房时承诺每5年刷新一次外墙——物业以'刷新外墙'为由上涨了物业——外墙从未刷新——继续承诺续聘给方案"我信你个鬼哦！"，配文是"毫无诚信可言"。

（3）主题为"管理混乱的停车场"，配图为一架不对称的天秤，上方画有"月卡"，天秤轻的一头为"苦苦排队的业主"，天秤重的一头为"物业亲信"，配文为"收费不公""已调离多年的前物业公司员工仍有本小区的停车月卡、月卡名单拒不公开、近几年卖房退出的月卡名额也不知去向""秩序混乱：业主车牌录入只说不做，纵容外来车辆，外围停车场一拖再拖，消防通道夜夜堵塞；车辆被剐蹭，管理处却借口推辞在盲区"。

（4）主题为"亏损又不公开的财务"，配文为"物业公司给的财产显示连年亏损，累计已逾成百上千万！同时拒不公开财务明细，公然拒绝审计！"

（5）主题为"消防安全都敢漠视"，配图为一瓶灭火器，灭火器身上写有"18年珍藏"，配文为"物业公司为我们'珍藏'了18年的灭火器，业主投诉之后才更换""小区里还有很多2001年的18年灭火器，幸好我们福大命大，自家和隔壁家没有发生火灾。物业公司如此漠视业主的生命财产安全。留他何用？？？！！！"

（6）主题为"为什么换物业能变好"，配文为"海量物业竞标——专家评标，三个最优物业——随机抽签最终物业公司——公平透明的招标过程保证选出最优的物业公司"。

（7）主题为"续聘合同中的坑"，配文："合同期长达5年，且没有考核和退出机制，期满还有效。无论服务多差，业主都要忍着，解约需要赔偿，期满还是事实合同；表面承诺3年不涨物业费，亏损却要业主当年补足。已亏损多年，且账不公开，拒绝审计，物业公司想亏多少业主就要补多少。虽答应设立共管账号，但要求资金由他物业公司代管，我们业主的钱凭什么完全任由他来支配，厚颜无耻！侵吞公共收益的30%，本该100%属于全体业主，停车费、广告费、泳池收入全部是我们的，竟然无理侵吞！不管亏损多少，他们都要分取物业费的10%，怎么样他都要赚钱，那还有什么动力做好！停车场只提供停放，不负责保管车辆，只收钱不保管车，他只享受权利不承担义务。高空抛物、违建安全隐患他不负责。什么责任都不负，是只来收钱打扫一下卫生吗？"

（8）主题为"周边小区中的差劣者"，从物业费、房价、外来人员、维修资金、外墙电梯等方面将该小区与周边小区做对比。

（9）主题为"换物业有哪些好处"，除文字描述好外，还配图强调"物业换一换，房价涨一万""涨涨涨"。

（10）主题为"安稳新旧物业过渡"，配文为"依法交接""政府应急物业保障"。

（11）主题为"快快送神，速速止损"，以对联的形式配图文"种花洗地百年一遇，破墙烂梯百年不修""优秀物业千百万，何必忍受破脏乱""承诺千万条，落实无一条"，中间的锦旗上写有"赠：物业公司：呕心沥血坑业主，掏空心思想捞钱"，落款："小区广大业主"。

2.《致小区业主的最后一封信》，有以下表述：

随着近期业主大会的重启，物业也开始了一系列的拉票表演：

停滞了半年多的外围停车开始动工、换电梯工作也开始行动、免费为你洗空调……甚至物业工作人员利用微信、电话等途径对业主进行拉票和利诱。……物业充满欺骗性的谎言肯定会诱骗到不少不明真相的业主……当然我们要做的不是换物业洗脑式的宣传……我们不是激进的改革派，是物业公司一次次磨灭掉我们的信任后才有了现在的局面。

不妨让我们一起来盘点下物业公司近期的所作所为：（1）2019年财务报表至今迟迟不敢公布。……续聘合同中指出这个亏损是需要我们广大业主承担的。（2）离奇的停车场经营许可证时间……物业公司是先利用前几年的旧材料骗取政府颁发新证，业委会发现后多次往返政府部门并最终成功吊销其新证。但我们的物业公司仍然有通天的能力，以不可言说的手段再次将许可证办理成功。当您知道停车场一年的收入有近200万元，就可以理解物业公司不择手段的原因了。（3）外围停车……本就一两周可以完成的工作，却拖到现在。您不妨再仔细想想，为什么物业在这个时间节点上开始干活了，是不是在业主大会召开前博眼球？更有细心的业主发现，画好的停车线，会让您面临车可停但人出不来的尴尬局面，这就是一家专业物业公司的能力。（4）游泳池住人。（5）调离近半年的工作人员至今携家眷居住在本小区。（6）消失不见的疫情防控财政补助……物业公司对这笔钱只字未提，这笔钱默默地进了物业公司的腰包。

看看此次续聘合同中的霸王条款：（1）车停小区被刮物业无责。虽然人们可能习惯了车被刮后物业无责的那副嘴脸……要流氓的行为被合法化了。（2）亏损由业主承担……按照往年的亏损情况，平均每户每年大概需要多缴纳500元。（3）明抢公共收益……我们是酬金制的合同物业，物业报酬已经在其他项写明，还无耻地妄想从我们的公共收益中分一杯羹。即便您觉得物业公司还行，在看完以上几条霸王条款后，我们还是建议您对这份续聘合同说"不"。……换物业的好处无须赘言，房价的"催涨器"……

3.《小区物业服务合同》中有明显标记的内容如下：（1）乙方（即物业公司）按应收物业管理费总额10%的比例提取服务酬金，每月10日前提取。物业管理费用支出应全部用于本合同约定的支出，年度结算后结余部分，转入下一季度继续使用，年度结算后不足部分，由全体业主承担，另行缴纳。（2）乙方与停车人之间仅为停车服务关系，并非车辆保管关系，对车辆行驶停泊管理、协助安防工作但不承担人身、财产保险保管责任。（3）乙方经营归业主所有的共用部位、共用设施所得收益的使用方式：乙方经营共有部位、共有设施所得收益的30%用于乙方的招商、营运成本和奖励，70%纳入共有资金账户，按业主共有资金管理规定使用。（4）除本合同第六章规定的合同终止情形外，……否则无过错方可要求对方支付10万元的违约金；造成损失的，无过错方可要求对方承担相应的赔偿责任。（5）乙方免责条款：……⑧本物业区域的车辆、财产被盗窃、被破坏造成损失，乙方在本物业区域发现巡查已尽到职责的。

物业公司遂诉至宝安法院，诉求为：（1）判令被告停止侵犯原告名誉权，收回散发的宣传资料给原告销毁；（2）判令被告向原告公开赔礼道歉，在富盈门小区大门口、公告栏、各单元张贴道歉书（内容须经法院审查认可），并抄送小区所在社区居委会，以消除影响，恢复原告名誉；（3）判令被告赔偿原告名誉损失97

万元；（4）判令被告赔偿原告维权支出的律师费、交通费、资料复印费3万元（以上合计100万元）；（5）判令被告承担本案的全部诉讼费。

关于陈某提到的问题，物业公司在庭审中作出相应回应，鉴于本文主要谈论业主批评权利行使的问题，物业管理相关问题不再赘述。

原审法院认为：本案中，原告派发宣传资料的行为是否对原告构成侵权，关键在于原告所派发的资料中所陈述的事项是否属实。本院结合庭审查明的事实，结合双方所提交的证据材料对案涉的宣传资料及所涉及的事项进行逐一认定：（1）关于消防器材老旧问题。被告所陈述的消防器材老旧、部分生产日期为2001年，从微信聊天图片及新闻报道来看，此事属实。原告也未否认消防器材出厂时间较久这一事实，原告称因消防器材不存在使用年限，只要经检测能使用就可以。经本院查询，一般而言，消防器材均有使用年限，且消防器材的使用年限一般情况下不可能超过十年，而案涉小区的消防器材使用时间已超过十年，虽然原告在2019年10月13日已更换了消防器材，但原告的更换行为并不能改变小区的消防器材曾经严重老化这一事实。因此，被告所提及的消防器材严重老化一事属实。（2）关于电梯常年维修的问题。鉴于案涉小区的电梯已使用达19年之久，电梯自身处于老化状态，维修是不可避免的。在被告未能提交有效证据证实原告与维保单位相互勾结、通过维修电梯的行为套取小区专项维修资金的情况下，被告应承担举证不能的法律后果，故被告所提及的该项事项不属实。（3）关于车辆管理混乱的问题。从原告所提交的车辆登记资料来看，并不存在被告在《小区业主防坑指南》中所提到的有"特权"月票等现象。（4）被告所提及的违停等问题，对于一个使用了近二十年的小区而言，由于小区建设时原配套停车位与现在小区车辆实有量存在较大差距，且小区内各人员素质存在差异，违停现象不可能完全避免，因此，单凭被告所提交的违停照片不足以证明原告在车辆管理上存在管理混乱的情形。（5）关于物业服务费、专项维修资金使用情况的审计问题。根据相关规定，该项审计必须在指定目录中选定审计机构，而案涉的业委会不同意从目录中选定审计机构，因此，案涉小区相关费用未进行审计并非因原告不配合所造成的，被告关于该事项的陈述不属实。被告作为业主虽然对小区的物业管理工作具有监督权及质疑权，但该权利的使用必须以不侵害他人的权利为界。（6）关于外墙刷新的问题。被告未能提交证据证实原告曾承诺过刷新小区外墙，因此，本院认定被告所提交的该事项不属实。

同时，被告在临时业主大会召开期间派发宣传资料，以富有冲击性的画面、充满嘲讽性、贬损性的语言对原告的各项工作进行抨击，而宣传资料中所描述的部分事项并不属实。被告的行为对原告在业主中的信誉及声望产生了负面影响，使得原告的社会评价降低。被告主观上明显有损害原告名誉的故意，在客观上造成了原告在一定范围内名誉受损的后果，被告的行为已构成了对原告名誉权的侵害。

最终法院判决陈某停止侵权，并在小区张贴赔礼道歉、消除影响的声明。

其他被判定为业主侵犯物业名誉权的案例，读者可参考（2020）粤0303民初8837号案。

【案例二】（2020）粤 03 民终 8630 号案

车某、张某均系广东省深圳市宝安区某小区的业主，车某曾担任该小区第一届业主委员会主任。车某主张因张某在第二届业主委员会选举前一个晚上，通过电话辱骂、冲击车某所在的单元门、在车某居住的单元楼下辱骂车某、在小区 30 多个单元门口以及小区管理规约的公示栏张贴《启事声明》的方式，造谣诽谤，歪曲事实，对车某的名誉权构成侵害。车某遂诉至宝安法院，要求张某停止侵权，公开以书面方式向车某本人道歉，恢复名誉，消除影响，赔偿精神损失费 1 元。

张某在小区张贴的《启事声明》载明内容显示，张某提出了五点问题：1. 上一届业委会可以绕过管理处私收小区广告费、商户入小区摆卖摊位费吗？私分私用达八个月之久，此事经举报之后才收手。2. 试问业委会主任可以到小区门口拦车收取停车费吗？此事造成车辆堵塞门口，居民上班之时无法出入，导致派出所出警三次。3. 业委会主任自己带头在阳台搭违建，破坏小区立面外观，请问合理吗？4. 请问谁给你这个权利恐吓居民，扬言叫嚣反对你的人下场会很惨，你这不是小区的"村霸"吗？5. 请问谁给你权利，绕过管理处直接炒掉在居民中口碑很好的清洁工？难道业委会就可以为非作歹吗？鉴于以上种种不合理、不合法的行为，难道广大业主还能让她继续为非作歹吗？在此号召大家珍惜手中选票，选出小区里品行端正、家庭美满幸福之人来当好业委会的家，造福小区。

一审法院认为：张某在业主委员会换届选举之际，通过在车某居住的单元楼下大声质问、吵闹、推搡甚至殴打保安人员，以及在小区张贴《启事声明》，使用"恐吓""扬言叫嚣""村霸""为非作歹"等带侮辱性及负面定性字眼的言语确对车某的诚信和信誉产生了负面影响，使得车某的社会评价降低。张某张贴《启事声明》虽系行使表达意见、维护权益的合法正当方式，并提交证据予以证明《启事声明》中质问事宜客观存在，但无法证明全部事项均是客观事实，张某的用语以及在车某居住单元楼下大声质问、吵闹、推搡甚至殴打保安人员等行为，已明显超越了善意提醒和批评的范畴，其在主观上明显有损害车某名誉的故意，在客观上造成了车某在一定范围内名誉受损的后果，张某的行为已构成了对车某名誉权的侵害，应依法承担侵权的民事责任。

张某不服，诉至深圳中院。

二审法院认为：言论自由是有边界的，业委会主任一职作为小区服务大众的公益性岗位，由业主中热心人士担任，并不领取薪酬，对于业委会成员的履职行为，众业主应本着共建社区的态度，宽容理性地进行评价。车某作为首届业委会主任，小区规章制度尚待完善，工作中难免有不尽如人意之处，张某如对车某担任业委会主任期间的行为存在异议，应理性指出。法律虽并不禁止张贴《启事声明》，但该方式可能对被张贴方的名誉产生严重不利影响，张贴人需对张贴内容尽更高的注意义务，确保内容完全属实，没有歧义，且没有侮辱性用语。本案中，张某张贴的《启事声明》中使用了"村霸""为非作歹""恐吓"等侮辱性和负面用语，使车某社会评价降低，张某在车某所住楼下吵闹、大力推搡甚至殴打保安的行为也超出了理性陈述事实、解决问题的范畴。

因此，二审法院最终维持原判，驳回了张某的上诉。

其他侵犯业主委员会委员名誉权的案件，可参考（2019）粤03民终16674号、（2018）粤03民终6664号案。

笔者详细论述案件细节，是为了真实展现业主侵犯名誉权的法院判决的行文风格和内容，以及法院裁判的理由和逻辑，而从法院裁判的理由和逻辑我们可以倒推出业主行使批评权利的界限。第一个案例中，陈某以富有冲击性的画面、充满嘲讽性、贬损性的语言对原告的各项工作进行抨击，虽然宣传资料中所描述的部分事项被法院认定为属实，但仍有部分并不属实，陈某之所以败诉即归因于这不属实的部分。第二个案例中，法院认为张贴内容对相关人员的名誉权容易造成不利影响，张贴人须对张贴内容尽更高的注意义务，确保内容完全属实，没有歧义，且没有使用侮辱用语，而张某却并未注意措辞具有侮辱性。

因此，笔者认为陈述事实不属实和贬损性、侮辱性用语共同构成了业主由批评变成侵犯名誉权的情形。因此，业主在发表意见时应讲证据，有多少证据讲多少事实，如实表述事实，不得歪曲，并且客观表达，减少情绪化表达并不得使用侮辱性文字语言，并仅就物业管理或业委会职责进行表述，这样才能保证在表达自己的不满时，不至于侵犯他人名誉权最终导致自己受损。

以上是关于业主是否具有批评的权利以及如何合法吐槽的相关论述。我们继续思考，既然业主可以批评物业公司以及业主委员会，那物业公司、业主委员会是否可以对违反物业服务合同、管理规约的业主进行公开批评？比如业主拒不缴纳物业费，物业公司或业主委员会可以在业主群中点名批评业主吗？

我们检索业主大会、业主委员会、物业公司的权利和职责的法律规定。业主大会、业主委员会和物业公司的权利和职责主要体现在以下几方面。

《民法典》第286条规定：业主应当遵守法律、法规以及管理规约，相关行为应当符合节约资源、保护生态环境的要求。对于物业服务企业或者其他管理人执行政府依法实施的应急处置措施和其他管理措施，业主应当依法予以配合。

业主大会或者业主委员会，对任意弃置垃圾、排放污染物或者噪声、违反规定饲养动物、违章搭建、侵占通道、拒付物业费等损害他人合法权益的行为，有权依照法律、法规以及管理规约，请求行为人停止侵害、排除妨碍、消除危险、恢复原状、赔偿损失。

业主或者其他行为人拒不履行相关义务的，有关当事人可以向有关行政主管部门报告或者投诉，有关行政主管部门应当依法处理。

《民法典》第942条规定：物业服务人应当按照约定和物业的使用性质，妥善维修、养护、清洁、绿化和经营管理物业服务区域内的业主共有部分，维护物业服务区域内的基本秩序，采取合理措施保护业主的人身、财产安全。

对物业服务区域内违反有关治安、环保、消防等法律法规的行为，物业服务人应当及时采取合理措施制止、向有关行政主管部门报告并协助处理。

《民法典》第942条第2款改自《物业管理条例》第45条第1条：对物业管理区域内违反有关治安、环保、物业装饰装修和使用等方面法律、法规规定的行为，物业服务企业应当制止，并及时向有关行政管理部门报告。

业主大会和业主委员会的权利和职责主要表现在对损害他人合法权益的行为有权要求行为人停止侵害、排除妨碍、消除危险、恢复原状、赔偿损失，并且可以向主管部门报告和投诉。物业公司的权利和职责主要体现在对违法行为的制止、向主管部门报告并协助处理上。

《深圳物业条例》第17条第3款规定：业主、物业使用人违反管理规约的，业主委员会、物业服务企业应当予以劝阻；不听劝阻的，业主委员会或者物业服务企业可以将相关情况予以公示。

上述规定似乎并未提到业主大会、业主委员会、物业公司对业主的违法行为可以进行批评，《深圳物业条例》也仅仅是规定把业主违反管理规约不听劝阻的相关情况可以进行公示。那么，如果物业公司或者业主委员会公开批评了业主违反规约的行为如拖欠物业费，是否侵犯其名誉权或隐私权？我们看两个相关案例：

【案例一】（2018）粤0304民初36984号案

吉某是某小区业主，因认为物业公司对小区的物业管理存在诸多问题，遂从2016年10月1日起停缴物业管理费。2018年5月31日物业公司在小区张贴一封《致小区欠费业主的公开信》，公开信上记载：各位小区欠费业主：5B-2C、5B-4A、6B-5C、6B-7D、7C-2A、7D-15A、11-22A、15A-3A、15B-12B等数十户业主，你们长期拖欠物业管理费等费用，总金额达80余万元（约占管理处每年总收入的6%），已严重影响小区的物业服务品质及管理处正常的工作，也严重侵犯了小区绝大多数自觉缴费业主的合法权益！

吉某认为上述公开信侵犯其名誉权，故诉至福田法院，要求被告立即停止对其名誉权的侵犯行为，公开书面赔礼道歉，消除影响，恢复其名誉。

法院认为：首先，该《公开信》并没有指名道姓原告吉某拖欠物业管理费，只是列举了部分拖欠物业管理费的业主房号，仅从《公开信》上列举的房号并不能直接得知业主是谁；此外，该《公开信》上也没有载明哪户业主具体拖欠多少钱的物业管理费，只是列举了"5B-2C、5B-4A、6B-5C、6B-7D、7C-2A、7D-15A、11-22A、15A-3A、15B-12B 等数十户业主，你们长期拖欠物业管理费等费用，总金额达 80 余万元"；最后，原告作为业主，在事实上也是存在拖欠物业管理费的行为。综上所述，被告并不存在侵犯原告本人名誉权的行为。原告不满意被告对所在小区物业管理与本案无关，原告可另寻途径解决。

最终法院驳回了吉某的诉求。

【案例二】（2019）粤 03 民终 12785 号案

张某为某小区原业主，与小区物业服务中心签订《车位租用协议书》，由小区物业服务中心提供非固定车位，供张某停泊其车辆。此后张某出售自己房产，并租赁该小区房屋，后新业主前往小区物业服务中心办理更名手续时，小区物业服务中心以业主变更为由终止案涉车位租用协议书的履行。张某遂向法院起诉，要求小区物业服务中心继续履行《车位租用协议书》的约定，恢复张某作为业主应有的停车权，赔偿损失 52654.50 元，并书面赔礼道歉。一审法院作出（2016）粤 0304 民初 22805 号民事判决书，判决驳回张某诉讼请求。张某不服一审判决，上诉至深圳中院，深圳中院作出（2017）粤03民终2169号民事判决书，判决撤销一审判决，小区物业服务中心向张某支付违约金2000元，驳回张某的其他诉讼请求。

后张某驾车离开该小区时被小区物业服务中心拒绝放行，双方因此发生争执，沟通无果后小区物业服务中心选择报警，因张某车辆堵塞出入口，小区物业服务中心最后同意放行张某车辆。小区物业服务中心遂在小区所有楼栋的公示栏和地下停车场的公示栏进行公示，公示标题为《关于本小区租户一卡多车事件的公示》，公示期约半个月，公示内容为记述2016年6月24日张某驾车与小区物业服务中心冲突的过程，最后表明"针对该事件小区物业服务中心决定：对于一卡多车和恶意扰乱小区停车场秩序的车辆注销停车卡，同时车辆不得再以任何理由进入小区停车场，为了维护小区停车场正常管理秩序，请广大业主朋友给予支持和互相监督，小区物业服务中心同时也将加大对停车场的管理"。该公示内容没有写明张某的姓名和信息，但写明了张某的车牌信息和租住房屋信息。张某认为案涉小区服务中心张贴的公示已经达到可以匹配张某身份的效果，且该小区不大，业主都知道车牌号是张某的。张某认为案涉小区服务中心侵犯其名誉权，遂向法院起诉。

一审法院认为，案涉小区服务中心在小区内张贴公示，该公示内容仅叙述张某驾车与案涉小区服务中心发生纠纷的经过，并未提及张某名称和身份信息，只是记载了车辆信息和租户楼层。而且该公示内容只是对事件发生过程的客观表述以及明确管理处对该类型事件的处理方式，并未存在对张某名誉的诽谤和诋毁，也不会造成社会不特定人对张某评价的降低。案涉小区服务中心张贴公示的方式只是在履行其管理服务小区应有的职责，明确小区业主和服务中心的权利和义务，在主观上并不存在恶意侵害张某名誉的意图。因此驳回了张某的诉求。

张某不服，遂上诉至深圳中院。

二审法院认为：张某主张的侵权行为，主要是指案涉小区服务中心在小区内张贴公示以及将公示内容在业主微信群传播，造成了对张某名誉的贬损。根据本院及一审法院查明的事实，相关公示内容记载了张某与案涉小区服务中心因停车卡事宜产生冲突的过程，并对小区停车秩序及管理方式进行了声明，并未使用侮辱、诽谤性言辞，也不存在通过其他方式恶意贬损张某名誉的情形，不构成对张某名誉的侵犯。因此驳回了张某的上诉。

从上述两个案例，我们基本可以认为，作为平等民事主体的小区物业服务中心、业主委员会均具有批评的权利，而合理行使批评的权利与侵犯名誉权的界限为：是否如实陈述有证据证明的事实和客观评价。

其他如小区物业服务中心侵犯业主名誉权的案例，可以参考（2018）粤03民终23073号案，业主委员会侵犯业主名誉权的可以参考（2020）粤03民终17114号、（2019）粤03民终25800号、（2017）粤03民终7606号案，业主委员会侵犯小区物业服务中心名誉权的可以参考（2020）粤0305民初456号案，笔者不再赘述。

本文内容笔者简单总结如下：（1）关于业主有没有权利批评业主委员会、小区物业服务中心，本文通过检索业主权利寻求法律依据，阐述"批评""吐槽"的概念，将其归类于发表意见的一种形式，引用正反两方面的案例，得出业主、小区物业服务中心、业主委员会均有互相批评的权利的结论，是法律人在遇到问题时分析问题、寻求法律依据的常用的思维模式，并再次强调概念的重要性；（2）其实，从朴素的社会主义价值观以及言论自由的角度也可得出上述结论，并且最重要的是，民法作为私法，遵循的是"法无禁止即自由"的理念，所以要想回答上述问题，似乎只需要确定法律是否禁止业主批评小区物业服务中心和业主委员会即可，很明显没有法律规定业主不可以批评小区物业服务中心和业主委员会，因此答案也不言自明；（3）虽然笔者花费了大量的笔墨在论述业主、小区物业服务中心、业主委员会均有批评的权利及行使批评权与侵犯名誉权的界限，但笔者希望读者谨记的是"法无禁止即可为"的民法理念以及批评与侵犯名誉权之间的界限。最后我们也可以认为，超越批评权利的界限就是侵犯名誉权的行为，也即权利滥用即为侵权。

必备法律知识⑲

业主能否拍照、复印业主委员会会议纪要？
——论业主的知情权

批评通常始于业主对物业公司、业主委员会的直观感受，如存在物业服务态度差、服务质量低下、服务项目收费不透明等问题，以及业主委员会不代表、不维护甚至侵害业主权益等情形。而是否存在上述问题则需要事实和证据证明，尤其是是否存在侵害业主情形的问题，如果业主都无法知道公共部分如电梯、外墙广告产生的收入是多少，又如何得知自身权益是否被侵害呢？因此业主知情权至关重要。

如果无权了解电梯广告收益，这部分业主共有财产是否被侵占无从知晓，更不要提对物业服务进行监督维权了。如果无权了解业主大会议事规则、业主大会决议内容、业主委员会委员个人情况，业主大会及业主委员会能否真正代表业主权益也不得而知，更不要提能否选出真正能代表业主权益的委员了。批评权虽位于业主成员权一节，但更多的是抛砖引玉，笔者认为，业主知情权是业主成员权的核心权利，没有知情权，批评就没有事实基础，监督无从下手，撤销侵害业主权益的行为更是无从谈起。

我们甚至可以说，不是业主知情权重要，而是知情权本身就很重要。同时知情权并不止于业主，范围非常广，常见的如（1）消费者的知情权，《消费者权益保护法》第8条规定：消费者享有知悉其购买、使用的商品或者接受的服务的真实情况的权利；《电子商务法》第17条中规定：电子商务经营者应当全面、真实、准确、及时地披露商品或者服务信息，保障消费者的知情权和选择权。（2）股东的知情权，《公司法》第33条第1款规定：股东有权查阅、复制公司章程、股东会会议记录、董事会会议决议、监事会会议决议和财务会计报告。（3）患者的知情权，《民法典》第1219条第1款规定：医务人员在诊疗活动中应当向患者说明病情和医疗措施。需要实施手术、特殊检查、特殊治疗的，医务人员应当及时向患者具体说明医疗风险、替代医疗方案等情况，并取得其明确同意；不能或者不宜向患者说明的，应当向患者的近亲属说明，并取得其明确同意。《医疗事故处理条例》第11条规定：在医疗活动中，医疗机构及其医务人员应当将患者的病情、医疗措施、医疗风险等如实告知患者，及时解答其咨询；但是，应当避免对患者产生不利后果。（4）慈善捐赠人的知情权，《慈善法》第31条规定：开展募捐活动，应当尊重和维护募捐对象的合法权益，保障募捐对象的知情权，不得通过虚构事实等方式欺骗、诱导募捐对象实施捐赠。（5）行政处罚相对人的知情权，《行政处罚法》第44条规定：行政机关在作出行政处罚决定之前，应当告知当事人拟作出的行政处罚内容及事实、理由、依据，并告知当事人依法享有的陈述、申辩、要求听证等权利。（6）人民群众对法院、检察院工作的知情权，《人民法院组织法》《人民检察院组织法》第11条规定：人民法院/人民检察院应当接受人民群众监督，保障人民群众对人民法院/人民检察院工作依法享有知情权、参与权和监督权。我们可以说，没有知情权，批评、监督、救济等权利将形同虚设。

现行法律规定中业主知情权主要集中在：

（一）《民法典》

第281条第1款规定：建筑物及其附属设施的维修资金，属于业主共有。经业主共同决定，可以用于电梯、屋顶、外墙、无障碍设施等共有部分的维修、更新和改造。建筑物及其附属设施的维修资金的筹集、使用情况应当定期公布。

第943条规定：物业服务人应当定期将服务的事项、负责人员、质量要求、收费项目、收费标准、履行情况，以及维修资金使用情况、业主共有部分的经营与收益情况等以合理方式向业主公开并向业主大会、业主委员会报告。

（二）《物业管理条例》

第6条中规定：业主在物业管理活动中，享有下列权利：……（8）对物业共用部位、共用设施设备和相关场地使用情况享有知情权和监督权。

（三）《深圳物业条例》

第15条中规定：业主依法享有下列权利：……（4）对共有物业和业主共有资金使用管理的知情权和监督权。

第46条规定：业主可以查阅业主大会、业主委员会、监事会所有会议资料，并有权就物业管理事项向业主委员会、监事或者监事提出询问，业主委员会、监事会或者监事应当及时予以答复。

业主委员会应当定期将工作情况通报全体业主，并每半年公示业主委员会委员、候补委员、监事缴纳物业专项维修资金、物业管理费、停车费情况以及停车位使用情况。

第60条规定：物业服务实行项目负责人制度。物业服务企业应当按照物业服务合同约定，指派项目负责人负责物业服务项目的运营和管理。除物业服务合同另有约定外，项目负责人只能在一个物业服务项目任职。

物业服务企业更换项目负责人的，应当及时告知业主委员会并予以公示。

第61条规定：物业服务企业应当将下列信息予以公示：（1）物业服务企业的营业执照、项目负责人的基本情况、联系方式以及物业服务投诉电话；（2）物业服务内容、服务标准、收费项目、收费标准、收费方式等；（3）电梯、消防、监控、人民防空等专项设施设备的日常维修保养单位名称、资质、联系方式、应急处置方案等；（4）上一年度物业服务合同履行以及物业服务项目收支情况、本年度物业服务项目收支预算；（5）公共水电费用分摊情况、物业管理费与物业专项维修资金使用情况；（6）业主进行房屋装饰装修活动的情况。

业主对公示内容有异议的，物业服务企业应当予以答复。

第72条规定：业主大会可以在数据共享银行开设业主共有资金基本账户，也可以继续使用物业服务企业在数据共享银行开设的业主共有资金共管账户。

业主共有资金开户账户单位应当按照国家有关规定建立健全

财务管理制度，保证资金安全，并通过物业管理信息平台，向全体业主实时公开业主共有资金基本账户或者共管账户信息。

第73条规定：业主共有资金账户开户单位应当定期与数据共享银行核对业主共有资金账目，并按季度公示下列情况：（1）业主共有资金缴存及结余情况；（2）发生列支的项目、费用和分摊情况；（3）业主拖欠物业管理费、物业专项维修资金和其他分摊费用的情况；（4）其他有关业主共有资金使用和管理情况。

第85条规定：物业管理区域用于停放汽车的车位、车库，应当首先满足本区域内业主的停车需要。

物业服务企业应当将车位、车库的使用情况按月予以公示。公示内容包括可以使用车位、车库的总数，车位、车库使用信息等。

第86条规定：规划和自然资源部门应当在土地出让合同中与建设单位约定物业管理区域的车位、车库权属。

住宅物业的车位、车库约定归建设单位所有的，其所有的车位、车库只能出售、附赠、出租给本物业管理区域的业主。建设单位应当在房屋预售或者现售时，将本物业管理区域用于出售、附赠、出租的车位、车库的数量予以公示，并在房地产买卖合同中明示。

（四）《物业收费办法》

第12条规定：实行物业服务费用酬金制的，预收的物业服务支出属于代管性质，为所交纳的业主所有，物业管理企业不得将其用于物业服务合同约定以外的支出。

物业管理企业应当向业主大会或者全体业主公布物业服务资

金年度预决算并每年不少于一次公布物业服务资金的收支情况。

业主或者业主大会对公布的物业服务资金年度预决算和物业服务资金的收支情况提出质询时，物业管理企业应当及时答复。

（五）《深圳物业收费规定》

第12条规定：业主委员会和物业管理企业应每3个月公布一次物业管理服务费的收支账目，接受业主的监督。

实行酬金制的，预收的物业管理服务费属于代管性质，为所交纳的业主所有，物业管理企业不得将其用于物业管理服务合同约定以外的支出。

物业管理企业应在每年初进行上年度的物业管理服务费决算，经业主委员会审核后向业主公布。

物业管理服务费除去物业管理支出和物业管理企业的酬金后，有结余的，应转入本物业管理区域下年度的物业管理服务费，不得擅自提取或挪作他用。

（六）《建筑物区分所有权纠纷解释》

第13条规定：业主请求公布、查阅下列应当向业主公开的情况和资料的，人民法院应予支持：（1）建筑物及其附属设施的维修资金的筹集、使用情况；（2）管理规约、业主大会议事规则，以及业主大会或者业主委员会的决定及会议记录；（3）物业服务合同、共有部分的使用和收益情况；（4）建筑区划内规划用于停放汽车的车位、车库的处分情况；（5）其他应当向业主公开的情况和资料。

总结上述规定，业主知情权范围非常广泛繁杂，且存在兜底条款，即其他应当向业主公开的情况和资料。因此笔者认为，业主作为建筑物区分所有权人，对除专有权外的涉及业主共有权及共同管理权等的相关事项，业主均享有知情权。而不同事项知情权的诉求对象也有不同：诉求物业费的收支情况的对象为物业服务公司，而诉求业主大会、业主委员会会议记录、决议内容的对象则为业主委员会。同时也存在物业公司和业主委员会共同保有相关资料的情形，如物业服务合同、专项维修资金的使用情况等。并且，作为业主有时并不清楚相关资料具体由谁保存，因此在诉求相关知情权的情况下，可列物业服务企业和业主委员会为共同被告。

关于业主知情权，我们思考几个问题：（1）业主能否查三年前的资料，也就是知情权诉讼是否适用诉讼时效？（2）业主今年才买的房，能否查去年的资料，如相关资料已公示过，能否再次查阅，也就是业主能否查询成为业主前的资料？（3）业主查阅相关资料时能拍照或者复印吗？

问题1：知情权诉讼是否适用诉讼时效？

诉讼时效，简单来讲就是权利人如果不在法定期限内主张权利，义务人即产生抗辩权，可以拒绝履行相关义务。依据《民法典》第188条的规定，民事诉讼时效期是3年。

举一个简单的例子，2022年1月1日，甲向乙借款10万元，约定2022年12月31日归还。如期限届满未还，则自2023年1月1日起算满3年，也即2025年12月31日前如甲未向乙主张过权利，则乙可以抗辩该债务已经过了诉讼时效，拒绝偿还该借款。

再稍微延伸一点，法院作为居中裁判机构，不可以主动适用诉讼时效。《诉讼时效规定》（2020）第2条明确规定：当事人未提出诉讼时效抗辩，人民法院不应对诉讼时效问题进行释明。也就是即便过了诉讼时效，只要乙不抗辩，同样应当判决乙偿还该借款。因此，这就出现了两种情形，如果甲知道诉讼时效一般不会超过诉讼时效才去起诉，如果甲过了诉讼时效再去起诉，则甲乙两人谁最终胜诉则完全取决于乙是否知道诉讼时效的规定。

还可以再延伸一点，如果乙一审不知道时效规定没有提出抗辩，二审才知道还可以提吗？根据《诉讼时效规定》（2020）第3条的规定，一般情况是不可以的，除非一审没有证据显示是过了诉讼时效，二审有新证据证明原告诉求是过了诉讼时效的。因此，如果仅仅是二审才知道诉讼时效，则时效抗辩是无效的。

回到前述问题，业主知情权是否受诉讼时效的限制呢？

《民法典》第196条规定：下列请求权不适用诉讼时效的规定：（1）请求停止侵害、排除妨碍、消除危险；（2）不动产物权和登记的动产物权的权利人请求返还财产；（3）请求支付抚养费、赡养费或者扶养费；（4）依法不适用诉讼时效的其他请求权。

首先，上述规定并无对知情权的规定。

其次，诉讼时效的效果是过了法定期限，义务人就可以拒绝履行义务，套用在知情权上，业主想查阅3年前的相关信息，物业公司或者业主委员会就可以拒绝，因此，如业主想要行使知情权，在物业公司或者业主委员会不配合的情况下需要每3年起诉一次。更多的时候是，业主现在发现的问题跟3年前的相关信息紧密相连，如业主知情权适用诉讼时效的规定，无疑是在加重业主行使权利的成本。

最后，《民法典》第 196 条前两项规定不适用诉讼时效的权利为请求停止侵害、排除妨碍、消除危险、不动产物权和登记的动产物权的权利人请求返还财产，上述权利系物权受到侵害时的救济途径。《民法典》第 235 条规定：无权占有不动产或者动产的，权利人可以请求返还原物；《民法典》第 236 条规定：妨害物权或者可能妨害物权的，权利人可以请求排除妨害或者消除危险。因此，我们可以认为，物权是不受诉讼时效限制的，而业主的知情权系基于专有部分所有权也即物权产生的权利，应不受诉讼时效的限制。

在（2021）粤 03 民终 1517 号案件中，物业公司及业主委员会均认为业主知情权不属于物权请求权，属于债权请求权，应当适用诉讼时效的法律规定。一、二审法院均认为，因业主知情权系业主基于其不动产物权所享有的一项权利，该项权利的性质并非债权请求权，故不适用法律关于诉讼时效的规定。

同样在（2019）粤 03 民终 1833 号案件中，三位业主要求查阅自 2000 年以来的本物业管理区域的全部共有部分、共用部位、共用设施及其场地的收入与支出明细及相应的单据凭证，物业公司在二审上诉时同样提出了诉讼时效的抗辩，二审法院更是认为，诉讼时效仅适用于财产权中的债权请求权，业主知情权并非债权请求权，不属于受诉讼时效限制的范围。

因此，我们基本可以得出结论：业主有权查阅 3 年前甚至 10 年前的物业相关资料而不受诉讼时效的限制。

问题 2：业主能否查询成为业主前的资料？

首先，基于民法上"法无禁止即自由"的理念，没有明确的规定禁止业主查阅其成为业主之前的相关资料。

其次，基于物业管理或业主委员会侵权行为的损害结果存在延续性，进行反推，如业主无权查阅之前的相关材料，业主就很难得知其权益是否被侵害。

最后，上述问题如换一种问法似乎更容易回答，即业主能否了解小区以前的情况。

因此笔者认为，业主当然可以查阅其成为业主前的相关资料，并且即便相关资料已经公示过，只要目前不在公示状态，业主就有权查阅。

虽然"法无禁止即自由"，但作为律师仍应当寻求法律依据，这也是司法实践的要求。上海高院副院长邹碧华所著《要件审判九步法》就将"寻求法律依据"作为法官审判的第二步，对法官如何判案感兴趣的读者可以深入阅读。

从寻求法律依据的角度看，上述问题即可转化为：业主可以依据哪些法律规定向物业公司、业主委员会主张了解成为业主前的相关物业情况。

我们在必备法律知识 5 中提到，业主整体转让房产的要求，也就是《民法典》第 273 条第 2 款的规定：业主转让建筑物内的住宅、经营性用房，其对共有部分享有的共有和共同管理的权利一并转让。那么知情权作为共同管理权利的组成部分也会随着房屋转让一并转让，也就是原业主的知情权转让给了现业主，那么现业主自然可以行使原业主的知情权，原业主当然有权了解相关事实和资料。因此笔者认为，上述条文可以作为现业主查阅其成为业主前的相关资料的法律依据。

【案例】（2017）粤 03 民终 5642 号案

三位小区业主取得业主身份的时间分别为 2003 年 8 月 5 日、2007 年 1 月 22 日、2016 年 1 月 27 日，诉求查阅小区 2001 年 1 月 1 日至 2016 年 7 月 31 日物业专项维修资金筹集以及共有部分使用和收益情况及建筑区划内规划用于停放汽车的车位、车库的处分情况。

一审南山法院判决业主委员会、物业公司供三位业主查阅 2001 年 1 月 1 日至 2014 年 9 月 30 日期间的物业专项维修资金筹集、使用情况以及共有部分使用和收益情况及建筑区划内规划用于停放汽车的车位、车库的处分情况；在小区公示栏中张贴 2014 年 10 月 1 日至 2016 年 7 月 31 日小区共有部分使用和收益情况及车库的处分情况。

二审深圳中院认为，业主知情权指业主了解建筑区划内涉及业主共有权以及管理权相关事项的权利，是业主基于其作为建筑区划内的区分所有权人在由全体区分所有权人组成的共同体中的成员地位所享有的固有权利，是业主对共有部分行使管理权的必要组成部分。该权利基于建筑物专有部分所有权的取得而取得，业主转让建筑物内的住宅、经营性用房，业主知情权作为其对共有部分享有的共同管理的权利也一并转让。同时，由于业主知情权为业主所享有的固有权利，三位业主也对其查阅相关资料的目的进行了正当性说明，故其行使知情权不应受次数限制。并最终维持了原判。

问题3：业主查阅相关资料时能拍照或者复印吗？

从对业主知情权相关法律规定看，业主知情权的实现除了由物业公司和业主委员会主动公布外，更多地体现在业主可以查阅相关资料。那什么叫查阅？查阅能否涵盖拍照或者复印？根据《现代汉语词典》第七版，"查阅"的定义为"找出来阅读有关的部分"，其核心为阅读，无论如何运用法律解释的方法，似乎也无法将"查阅"的语义解释为包含拍照、复印。

但笔者仍认为，业主查阅相关资料时当然可以拍照、复印。

首先，业主查阅的相关资料和物业公司、业主委员会公开的资料在内容上是一致的，而物业公司、业主委员会公开的资料作为直接展示给业主的资料，不可能只允许业主在公示栏里获取信息，拍照、复印应当属于业主知情权的应有之义。

其次，如只允许业主阅读相关资料而不允许业主拍照、复印，将大大降低业主知情权的行使效率，对物业公司、业主委员会也是一种负担。

最后，类比法律法规政策等公开信息，作为上述公开信息公开对象的我们自然可以查阅并拍照、复印相关法律法规政策等。因此，笔者认为，即便没有明文规定，但同样基于"法无禁止即自由"的理念，业主当然可以拍照、复印相关资料。

在（2019）粤03民终1833号案件中，龙岗法院认为查阅、拍照、复印所公开资料，系业主行使知情权保存资料的方式，应予支持；深圳中院认为，拍照、复印均为查阅资料时合理保存资料的方式，相关法律不可能穷尽规定所有行使业主知情权的具体方式，允许拍照和复印相关资料是业主进行查阅资料过程中的应有之义。

在（2018）粤0305民初3398号案件中，南山法院认为，由于本案涉及的资料较多、时间跨度大，故为妥善保管资料，避免造成不必要的资源浪费，以被告在其办公场所提供相应资料给原告查询、复印为宜；另外，为使原告详细查阅相关资料充分行使知情权，也为了限制原告因滥用知情权给被告工作带来不便，原告查询时间应以十个工作日为限。

综上，笔者认为凡涉及小区物业共有以及共同管理事项的资料，业主均有权查阅，且查阅并不受诉讼时效限制、不受成为业主的时间限制，并且可以拍照、复印。

最后，并不是所有的物业公司、业主委员会不主动公开的行为只能通过司法诉讼途径救济，作为主管机关的深圳市住房和建设局也会对物业公司、业主委员会不主动公开的行为进行监管，业主也可以向相关主管部门进行反馈。

根据《深圳物业条例》第106条规定，如未定期与数据共享银行核对本物业管理区域业主共有资金账目并按季度公示，区住房和建设部门给予警告，并责令限期改正；逾期未改正的，对相关责任人处一万元以上三万元以下罚款。

根据第107条规定，如业主委员会未公示终止职务的业主委员会委员、候补委员名单，未按照规定将业主大会、业主委员会会议资料提供给业主查阅，或者未定期公示业主委员会委员、候补委员、监事缴纳物业管理费、停车费情况以及停车位使用情况，由区住房和建设部门给予警告，并责令限期改正；逾期未改正的，对相关责任人处一万元以上三万元以下罚款。

根据第110条规定，如建设单位未将本物业管理区域用于出售、附赠或者出租的车位、车库的数量予以公示，并在房地产买卖合同中明示，由区住房和建设部门给予警告，并责令限期改正；逾期未改正的，处二万元以上十万元以下罚款。

根据第114条规定，如物业公司未公示公共水电分摊费用情况、物业管理费与物业专项维修资金使用情况，未定期与数据共享银行核对本物业管理区域业主共有资金账目并按季度公示，未将车位、车库的使用情况按月予以公示的，由区住房和建设部门给予警告，并责令限期改正；逾期未改正的，处二万元以上五万元以下罚款。

虽然笔者身为律师，但笔者认为，维护业主知情权、维护个人权利，司法救济并非唯一途径，在某些情况下向行政主管部门求助也不失为一种高效的解决途径。

最后，鉴于知情权的重要性，笔者再次强调，没有知情权，批评则没有事实基础，监督则无从下手，撤销侵害业主权益的行为更是无从谈起。

必备法律知识20

你们小区有业主委员会吗？

——论业主委员会的重要性

笔者之所以有此一问，源于网传深圳市住房和建设局（以下简称深圳市住建局）于2022年4月出台的一份文件：《深圳市住房和建设局关于推进住宅小区业主委员会三年全覆盖的通知》，上述通知要求用三年时间，完成全市住宅小区业主委员会的全覆盖。[①]

更有文章指出深圳现有业主委员会比例仅有16.33%[②]。笔者虽然不清楚深圳业主委员会实际比例，但从深圳市住房和建设局的文件可以看出，深圳的小区业主委员会成立的比例并不高。我们应该知道的是深圳业主委员会的实践在全国是领先的，毕竟全国第一个业主委员会于1991年9月诞生在深圳市罗湖区的天景花园，彼时的称谓还是"业主管理委员会"[③]。其成立时间早于《深圳住宅物业条例》实施的时间（1994年），更早于全国性的物业行政法规《物业管理条例》实施的时间（2003年）。《深圳住宅物业

---

① 深圳政府在线：http://www.sz.gov.cn/cn/xxgk/zfxxgj/zwdt/content/post_9722418.html
② 搜狐网：https://www.sohu.com/a/595445182_121123698
③ 唐娟.城市社区业主委员会发展研究[M].//黄卫平.中国地方治理和政治发展实证研究丛书.重庆:重庆出版社,2005:37.

条例》第9条规定：住宅区已交付使用且入住率达到百分之五十以上时，区住宅管理部门应会同开发建设单位及时召集第一次业主大会，选举产生管委会。《深圳物业条例》（2008）第9条中规定：物业管理区域应当依法成立业主大会，选举业主委员会。因此业主委员会是应当成立的，不是可有可无的。

但实践中，成立业主委员会存在诸多障碍导致业主委员会覆盖比例并不高，有业主感叹成立业主委员会要"过五关斩六将"，其中最难的有三大关：一是业主参与关，业主人数多、意见不集中、参与积极性不高是重要原因；二是政策法规关，对业主而言，弄懂吃透相关政策法规并不容易；三是利益冲突关，比如物业公司的阻挠。湖南长沙某小区甚至出现15年间4次筹备业主委员会均以夭折告终的情形。①

笔者认为，阻碍业主委员会成立的最关键的因素是利益冲突。毕竟没有业主委员会，小区业主共有部分的管理、收益、处置或多或少会遭到个别开发商、物业公司的觊觎和侵吞。而由于没有统一代表业主权益的业主大会或业主委员会的存在，业主与开发商、物业也时常伴随着激烈的冲突，如北京的方舟苑小区、上海的四季园小区、西安的紫薇城市花园小区、广州的丽江花园小区、深圳的振业景洲大厦小区等。②因此，如何构建开发商、物业、业主三方良性关系，是值得深思的话题。

---

① 叶俊东.小区大事：重塑城镇化下的社区治理[M].//半月谈基层治理智库丛书编委会.基层治理智库丛书.北京:新华出版社,2020:14–17.

② 唐娟.城市社区业主委员会发展研究[M].//黄卫平.中国地方治理和政治发展实证研究丛书.重庆:重庆出版社,2005:3–7.

如果没有业主委员会，对于侵害业主共有部分利益的情形，如开发商将架空层改建成商铺出租、物业公司私自出租外墙广告位等，应当如何维权呢？笔者只能说很难。最大的法律问题是单个业主能否单独起诉，也就是单个业主就侵害业主共同权益的问题能否以个人名义维护全体业主的权益。在（2008）粤高法立民申字第 2833 号王某与深圳市某开发商排除妨害纠纷案件中，再审法院广东高院明确提到，如果开发商确实存在违规出租架空层商铺，侵害小区全体业主利益的行为的，应由业主委员会代表多数业主提起诉讼；未成立业主委员会的，也可由法定的多数决的业主提起诉讼。如允许业主个人提起该类诉讼，可能影响全体业主的共同利益。因此驳回了再审申请人的诉求。而要求小区全体业主的多数提起诉讼，难度可想而知，因此在没有业主委员会的情况下，业主共有部分利益被侵害维权面临的最大难题就是没有起诉资格。直到 2011 年 10 月 12 日广东高院发布《广东高院物业纠纷指导意见》才得到部分解决。《广东高院物业纠纷指导意见》第 2 条中规定：涉及全体业主共同利益的事项，由业主委员会作为原告进行诉讼。……未成立业主委员会的，有直接利害关系的业主可以自己的名义直接向人民法院提起诉讼。

因此，自 2011 年 10 月 12 日后，有直接利害关系的业主可以单独提起诉讼，但是否存在利害关系，有时并不容易认定。

【案例】（2019）粤民再 377 号案

深圳市某小区三名业主与物业公司共有权纠纷中，三名业主向龙岗法院起诉，要求物业公司恢复 2015 年以后小区所有被破坏的绿化。

　　一审法院认为，三名业主虽系案涉小区的业主，对专有部分以外的共有部分享有共有和共同管理的权利，但其请求恢复原有绿地、绿化等公共设施的事项已涉及业主的共同利益，故应由业主共同决定。案涉小区尚未成立业主委员会，涉及业主共同利益的事项应由全体业主或符合法律规定的相关比例业主授权的人员提起相关诉讼。三名业主以个人名义起诉，实质上行使了业主共有权，但其未提供证据证明其依法取得了符合法律规定的相关比例的业主的授权，故其起诉不符合法律规定，驳回了三名业主的起诉。三名业主不服上诉至深圳中院。

　　二审法院认为，《广东高院物业纠纷指导意见》第2条中规定，涉及全体业主共同利益的事项，由业主委员会作为原告进行诉讼。未成立业主委员会的，有直接利害关系的业主可以自己的名义直接向人民法院提起诉讼。案涉小区尚未成立业主委员会，三名业主请求恢复小区周边所有被破坏的绿化，涉及全体业主共同利益的事项，其并非属于与本案有直接利害关系的业主，故三名业主起诉不符合法律规定，上诉请求不能成立，应予驳回；一审裁定虽适用法律不当，但裁定结果正确，应予维持。三名业主不服，向广东高院申请再审。

　　广东高院认为，本案的焦点问题为三名业主作为原告提起本案诉讼，主体是否适格。其提起本案诉讼是认为物业公司未经符合法律规定比例的业主授权，砍伐小区绿树、灌木，破坏小区绿化，诉请物业公司恢复原状、赔礼道歉、赔偿损失等。本案一审诉讼中，双方当事人均确认小区目前未成立业主委员会，三名业主作为小区业主，与小区绿化被破坏有直接利害关系，可以自己的名义直接向人民法院提起诉讼。一、二审法院裁定三名业主原告主体不适格，并分别驳回三名业主的起诉、上诉，属适用法律不当，本院予以纠正。最终，广东高院裁定撤销原裁定并指令龙岗法院进行审理。

虽然，本案经广东高院再审最终认定三名业主具备起诉资格，但业主与起诉事项是否存在直接利害关系，司法实践中也不容易判断。并且单个业主起诉后也会产生很多问题，如单个业主败诉后，其他业主能否继续起诉，又如，其他业主能否就相同的问题提出不同的诉求，这些问题法律并未给出明确规定。

因此，笔者认为，鉴于小区共有利益问题牵涉面广泛，仍应当由全体业主决定并由业主委员会代表全体业主进行诉讼。并且《广东物业纠纷指导意见》已于2021年1月1日废止，单个业主为维护小区共有部分利益起诉，似乎又回到了没有法律依据的境地，但笔者并不认为这是坏事。

另外，如果读者所在小区确实没有成立业主委员会，根据《业主大会和业主委员会指导规则》第58条规定，因客观原因未能选举产生业主委员会的小区，可以由物业所在地居民委员会在街道办指导下，代行业主委员会的职责。如居民委员会代小区业主与物业公司签订物业服务合同，但毕竟居民委员会并非直接利益相关人，居民委员会在维护业主权益方面也存在诸多问题，本文不再展开。

而关于业主委员会是否具备起诉资格的问题虽在实践中有争议，但该问题在2003年8月20日最高院发布的《最高人民法院关于金湖新村业主委员会是否具备民事诉讼主体资格请示一案的复函》中得到解决，最高院正式确认业主委员会能以自己的名义起诉（最高法院〔2002〕民立他字第46号）；并且在2005年8月15日最高院发布《关于春雨花园业主委员会是否具有民事诉讼主体资格的复函》，再次确认业主委员会是业主大会的执行机构，根据业主大会的授权对外代表业主进行民事活动，所产生的法律后果由全体业主承担，业主委员会与他人发生民事争议的，可以作为被告参加诉讼（最高法院〔2005〕民立他字第8号）。业主委员会似乎就是为维权而生，在第二章中，我们也看到了很多业主委员会成立后为维护全体业主权益所做的工作。

最后，回到文章开头，各位读者，你们小区成立业主委员会了吗？1991年深圳诞生了全国第一个业主委员会——业主管理委员会。没有业主委员会，业主共有部分权益被侵害又该如何维权？笔者认为这应该也是网传深圳市住建局力推三年内住宅小区业主委员会全覆盖的主要原因吧。

必 备 法 律 知 识 21

你们小区业主委员会主任工资多少？

在小区成立业主委员会的情况下，如果读者不清楚本小区业主委员会主任工资多少，一般存在两种可能：一是读者不关心小区事务，二是小区信息公开工作做得不到位。本节就小区业主委员会的支出做简单介绍：

首先需要澄清的是，根据《深圳物业条例》（2007）第 22 条及《深圳物业条例》（2019）第 43 条，业主委员会主任及其他委员领取的是津贴，不属于工资等劳动报酬。

其次关于小区业主大会、业主委员会的支出不仅包含业主委员会委员的津贴，还有业主大会、业主委员会的活动经费和业主委员会聘请的执行秘书和财务的薪酬。

另外，我们需要了解已失效的《深圳物业条例》（2007）、《深圳物业管理条例若干规定》与《深圳物业管理条例》（2019）关于上述支出的变动之处，笔者简单列举如下：

（一）已失效规定

1.《深圳物业条例》（2007）

第22条规定：业主大会、业主委员会活动经费，业主委员会委员津贴和执行秘书薪酬，从物业服务费中按照市政府规定的比例提取，专款专用。

业主委员会委员津贴和执行秘书薪酬标准由业主大会决定。候补委员不领取津贴。

2.《深圳物业条例若干规定》

第27条规定：业主大会应当综合考虑物业管理区域规模、物业服务费标准、业主人数等因素，决定从物业服务费或者其他合法资金来源中提取业主大会、业主委员会活动经费以及业主委员会委员津贴和执行秘书薪酬等费用的标准。

业主委员会应当将业主大会和业主委员会活动经费、业主委员会委员津贴和执行秘书薪酬等费用的使用情况，每年至少向全体业主公布一次；物业服务企业可以将从物业服务费中提取的该项费用纳入物业服务成本或者物业服务支出。

第28条规定：业主委员会委员是业主自治的公益性岗位，鼓励业主委员会委员提供志愿服务。有条件的物业管理区域，业主大会可以根据业主委员会委员从事公益性工作情况按月给予适当的津贴，每月津贴总额不得超过本市最低工资标准。

业主委员会委员、候补委员、执行秘书不得接受物业服务企业提供的物业服务费减免、停车费用减免以及其他物质、现金等不正当利益，不得采取挪用、欺骗等方式非法侵占物业专项维修资金、物业共有部分收益等全体业主共有的资金。

物业服务企业应当将业主委员会委员、候补委员、执行秘书缴纳物业服务费、水电气费、停车费、物业专项维修资金等缴费情况，每年向全体业主公布一次。

（二）现行规定

《深圳物业条例》（2019）

第33条规定：业主委员会由五至十七名委员组成，组成人数为单数，具体人数根据该物业管理区域的实际情况确定。候补委员人数按照不超过委员人数确定。候补委员列席业主委员会会议，不具有表决权。

业主委员会设主任一名，由业主委员会从委员中选举产生。

鼓励和支持符合条件的物业管理区域中国共产党基层组织委员会委员通过规定程序担任业主委员会委员。

业主委员会可以聘请执行秘书和财务人员，负责处理业主委员会日常事务和财务工作。执行秘书、财务人员的工作职责及薪酬标准由业主大会确定。

业主委员会应当向全体业主公开业主委员会主任、委员、执行秘书的联系方式。

第43条规定：业主委员会委员不领取劳动报酬。业主大会可以根据业主委员会委员的工作情况，决定给予其适当津贴。

实行业主委员会主任任期和离任经济责任审计，审计事项由业主大会决定，审计费用从业主共有资金中列支。

上述即是有关业主大会、业主委员会支出的主要法律规定。笔者认为变动最大的地方即是取消了业主委员会津贴不得超过本市最低工资标准的限制，笔者认为这样的变动有合理之处，毕竟津贴数额仍由业主大会决定，且有审计要求。如果津贴过低，是否会出现单纯依靠委员热心肠无法保持委员工作积极性以及提高责任心的问题，而支付委员符合一般社会劳动标准的津贴，业主也可以对业主委员会工作提出更高标准的要求。

另外的变动就是上述支出每年至少向全体业主公布一次的规定。那么是不是就意味着业主委员会无须向全体业主公布上述情况？业主是否就无权了解上述支出情况了呢？

当然不是，上述情况仍然属于业主知情权的范围。

《深圳物业条例》（2019）第71条第1款第2项规定：除物业专项维修资金外，业主共有资金用于下列支出：……（2）业主委员会委员津贴、业主大会聘用人员的费用。

第15条中规定：业主依法享有下列权利：……（4）对共有物业和业主共有资金使用管理的知情权和监督权。

第73条第2项规定：业主共有资金账户开户单位应当定期与数据共享银行核对业主共有资金账目，并按季度公示下列情况：……（2）发生列支的项目、费用和分摊情况。

因此，现行规定仅仅是将上述项目作为共有资金的支出项目，并且要求是按照季度进行公示，比旧规定更有利于对业主知情权的保护。

常见的因委员津贴发生的纠纷，多为物业公司未按照规定支付上述津贴或者业主大会、业主委员会活动支出等费用支付给委员或业主委员会，一般由业主委员会向物业公司起诉，具体可参考（2021）粤0303民初31829号、（2019）粤03民终14890号、

（2018）粤 03 民终 9176 号等案件。也有业主委员会主任起诉业主委员会支付津贴的案例，具体可参考（2018）粤 03 民终 16184 号案件，因相关纠纷与多数业主关系不大，笔者不再解读上述案例，读者只需认识到自己是花了钱请业主委员会委员维护自身权益的即可。

最后，执行秘书、财务人员的薪酬及业主委员会委员津贴的标准由业主大会决定，同时因不属于《民法典》第 278 条规定的特殊事项，经三分之二面积及三分之二人数的业主参与表决，并经参与表决的面积过半、人数过半的业主同意即可确定执行秘书、财务人员的薪酬及业主委员会委员的津贴标准。

因此，业主可自行根据业主委员会委员及执行秘书、财务人员相关职责内容和工作强度决定在上述人员薪酬、津贴的议题上投赞成票还是反对票。

业主大会是一个组织还是一次会议?

——论业主大会主体资格的意义

主体,一个常见得不能再常见的法律名词,是指依法享有权利、负有义务、承担责任的自然人、法人或其他组织。如业主对房屋享有所有权,并负有支付物业费的义务,如拒不履行义务需要承担相应法律责任。主体资格的意义在于只有成为主体才可以享有权利,才有资格负有义务并能够承担责任。因此主体是一种资格,且重点是一种享有权利的资格。

与主体对应的是客体,是指主体的权利和义务所指向的对象,主要包括物和行为。如业主买的房屋,房屋就是客体;业主养的宠物,宠物就是客体。客体最重要的特点是,客体不享有权利、不负有义务,无法承担责任,属于权利的对象。

首先,区分主体、客体的第一个意义在于,如侵犯到客体只需要向其权利主体进行赔偿即可。例如:业主违法装修导致邻居房屋渗水,家具损害,侵权人不是向房屋、家具进行赔偿,而是向房屋和家具的所有权人进行赔偿。

网传2022年9月14日,北京一外卖小哥骑着电动车,突然前方出现一条没拴绳的狗,外卖小哥闪躲不及,便直接撞了上去。

狗主人不但不为自己违反规定的行为道歉，反而指责羞辱外卖小哥，竟然让外卖小哥给狗道歉。[①]我们看到这样的新闻之所以气愤，除了因为狗主人恃强凌弱、欺软怕硬、仗势欺人、蛮横无理、飞扬跋扈外，更重要的是这样的行为已经严重冲击了我们以人为本的基本法治观念。无论一个人的工作、财富、样貌如何，他都是一个法律上的人，都是一个权利主体，其法律地位要优于作为法律客体的狗。

如客体侵犯他人权利则需要客体的权利主体进行赔偿，如宠物狗伤人事件是不可能让宠物狗来承担法律责任的，需要由客体的权利主体也即狗主人承担法律责任。

其次，区分主体、客体最重要的意义在于，只有成为主体才可以享有权利。自然人在现代社会是最常见的主体类型，但在奴隶社会，奴隶是自然人但却被视为客体，被称为"会说话的工具"，它们是奴隶主的财产和商品，可以进行买卖，并且奴隶主可以强迫奴隶进行劳动并无须支付报酬，甚至肆意屠杀。在我国法律中，杀人是犯罪，拐卖妇女儿童是犯罪，强迫劳动是犯罪，不支付工资是违法，其本质原因是人是主体，不是客体，而杀猪宰羊不是犯罪，根本原因是这些动物不具备主体资格且不属于特殊保护的客体。

笔者之所以浪费笔墨在区分主体、客体上，就是为了强调具备主体资格的意义，同时能够套用在业主大会具备主体资格的必要性以及意义上。

---

① 网易新闻:https://www.163.com/dy/article/HHBORHP20534BZ9P.html.

如果说业主委员会主要解决的是维权资格的问题，那么笔者认为赋予业主大会主体资格不仅有利于维护全体业主的合法权益，更多的是可以消解、减少矛盾的发生。之所以会出现部分开发商、物业公司及其他第三方侵犯业主共有部分权益的纠纷，除了上述主体法律意识及法律素养欠缺外，更主要的原因是业主共有部分作为物权客体无法登记在全体业主名下，业主共有的资金也无法以全体业主的名义开立银行账户，如果业主大会不具备主体资格，上述财产无疑将处于他人代管的状态。而如果业主大会具备主体资格，业主共有的车位、物业管理用房等共有部分可以登记在业主大会名下，而物业费、公共部分经营收益等均可以存入业主大会开立的银行账户内。这样通过厘清物权归属可以减少第三人侵犯业主共有部分权益的情况发生，而将物业费缴纳至业主公共资金的基本账户，也可以将物业费的缴纳与物业服务质量相分离，减少因物业服务瑕疵导致部分业主抵触缴纳物业费的情形出现。同时，业主大会具备主体资格后，在全体业主对外关系上，除业主委员会外，业主大会也能够更好地代表全体业主处理对外关系。因此笔者认为，赋予业主大会主体资格对于维护全体业主权益，构建业主与物业公司、开发商、居委会、政府良性的互动关系具有重大意义。

另外，关于业主大会主体资格的问题，虽然原《物权法》及《民法典》出于立法的谨慎，并未进行规定，但实践中已有部分地区赋予业主大会法人资格。2010 年 12 月 30 日北京市住房和城乡建设委员会、北京市民政局、北京市社会建设工作办公室联合发布的《北京市住宅区业主大会和业主委员会指导规则》第 26 条规定：本市试行业主大会登记制度。业主大会成立并完成业主委员会备案的，经专有部分面积占建筑物总面积过半数的业主且占总人数过半数的同意，可以到市房屋行政主管部门办理业主大会登记。业主委员会凭业主大会登记证明，向区、县公安分局申请刻制业主大会印章。2013 年 3 月 8 日，温州市鹿城区民政局为南塘五组团小区颁发社会团体法人登记证书，成为全国首个直接在民政部门注册具有社团法人资格的业主大会。2015 年深圳市也开始推动业主大会法人化改革。①

笔者认为，深圳推动业主大会法人化改革的成果主要有以下几点。

（1）2005 年颁布的《深圳业委会指导规则》及 2007 年修订的《深圳物业条例》仅规定了业主委员会备案，但现行 2019 年修订的《深圳物业条例》第 24 条新增规定：首次业主大会会议召开并选举产生业主委员会之日起十五日内，由业主委员会向物业所在地区住房和建设部门办理业主大会备案。区住房和建设部门受理备案材料后，经审查符合条件的，应当在十个工作日内颁发备案通知书并发放统一社会信用代码证书。业主大会取得备案通知书后，由业主委员会依法申请刻制业主大会、业主委员会相关印章。

（2）2020 年 6 月 4 日，深圳市住建局发布《深圳业主共有资金办法》(深建规〔2020〕8 号)，确认业主大会在取得社会信用代码证后可以开立业主共有资金基本账户。

（3）2020 年 8 月 13 日，深圳市住建局发布《深圳市业主大

① 朱涛.业主大会法律问题研究[M].北京:法律出版社,2016:86-87.

会和业主委员会备案管理办法》，确定业主大会备案通过后由深圳市住房和建设局颁发统一社会信用代码证书。而统一社会信用代码证书的颁发也即确认业主大会具备法人资格，统一社会信用代码证类似于个人的身份证、公司的营业执照等。

从上述规定中我们可以看出，目前深圳业主大会已经具备了享有法人主体资格的法律基础，实践中已有不少小区的业主大会取得了法人资格。虽然业主大会仍面临诸多问题，如：（1）因开发商阻挠、物业不配合、业主参与度低、成立门槛高等导致的业主大会成立难；（2）集体行为导致的决策难；（3）业主之间、业主与业主委员会和业主大会之间的内部冲突问题；（4）业主大会与物业公司、开发商、居委会的外部冲突问题。[①]但笔者相信，随着业主大会主体资格得到确认，小区各方职责错位的情形将逐步得到纠正，小区各参与方各司其职、各得其所，无疑对构建良好的小区公共环境、维护全体业主合法权益大有裨益。

最后，读者如想了解自己小区业主大会的情况，可登录深圳市住建局网站进行查询。[②]

---

① 朱涛.业主大会法律问题研究[M].北京:法律出版社,2016:88-104.
② 深圳市住房和建设局: http://zjj.sz.gov.cn.

必备法律知识 23

如何防止对少数业主权益的侵害？
——论业主撤销权

众多家庭、个人汇集在一个小区，由于建筑物区分所有权制度，对于小区公共事务不是由单个业主所决定的，自然就形成了全体业主共同决定小区公共事务的情况。原《物权法》第76条及《民法典》第278条均规定了业主共同决定的事项，如业主大会议事规则、管理规约、选聘和解聘物业公司、专项维修资金的筹集和使用、共有部分的利用等，并且规定了通过上述事项所需要的多数决条件，通常情况下这样的决议能够最大限度地代表全体业主的利益，投反对票的业主也须接受上述决议的约束，这是由业主作为业主团体一员所负担的容忍义务所决定的。

虽然涉及多数人利益时多数决是常用的也是最合理的表决方式，但多数决偶尔也存在多数人侵害少数人权益的问题。我们在必备法律知识16中提到，通常在小区交付初期为更好地维护停车秩序，物业公司一般采取固定挂牌模式，随着小区入住人数的增加及机动车辆的增加，后入住或者后买车的业主面临车辆无处可停的困扰。如果通过业主大会表决的方式，决定是否取消现行的车辆管理模式，势必遭到已有固定车位业主的反对，少数业主已经无法通过业主集体行动的方式维护自身的权益了，除非没有车位的业主在人数和面积上占优。

我们来看一个多数人侵害少数人合法权益的案例。

【案例】（2022）粤03民终2355号案

物业公司为确定垃圾分类投放点，邀请业主以投票方式确定，最终依多数业主意见将北门处确定为投放点。而北门垃圾投放点距离马某家不足10米的位置，马某遂起诉物业公司，要求停止使用案涉小区北门垃圾分类投放点，重新选择更加合理的位置，一审法院予以驳回。

马某上诉称：（1）现场垃圾桶最近的离房屋5米，最远的离房屋8.5米。（2）垃圾桶造成的影响有噪音、臭味、老鼠成灾等，垃圾桶设置离我的房屋太近侵犯了住宅安宁权。（3）本案的争议焦点不是投票的过程和结果，而是投票的公平合理性。根据我国《民法典》第288条的规定：不动产的相邻权利人应当按照有利生产、方便生活、团结互助、公平合理的原则，正确处理相邻关系。一审法院没有理解，每个人在社会生活中，在相邻关系中得到公平合理的对待也是法律赋予每个公民的合法权利，否则也是一种侵权。小区用投票的方式来决定垃圾桶的设置点是非常不公正不合理的。让大多数受益者投票决定少数受害者的命运，让少数人承担所有的不利影响是不公平的。

二审法院查明：（1）小区围合门外东南角处隔一通道有一空地，曾经设为垃圾投放点，此处距居民住宅的距离大于现北门垃圾点距马某房间的距离，约15米至20米之间。（2）北门处在业主通常出入的路径，而东南角门处少有人经过。即业主们在外出路过北门时便可以顺道丢垃圾，而若是投放点设在门外东南角处的话，业主们则需多走一段路，绕道专门到此处投放垃圾，不及北门处便利。

物业公司也称，如将垃圾投放点设置在门外东南角处，也会遭受此处相邻业主的反对、投诉，甚至被诉至法院。

二审法院认为：（1）每一家、每一人、每一次投放垃圾多走几步的不便，可使马某家免受垃圾味近距离的侵扰，是值得的，也是邻里间善良相处之道，应该倡导。试想，设小区百户业主之任意一户居于马某处，其能否接受垃圾点设在窗下，且在10米之内，更重要的是此处并非唯一选择。（2）受限于目前的居住空间和环境，在没有更合适的选择情况下，该东南角处不失为对业主影响最小的选点。最终，二审法院改判，物业公司停止在案涉小区北门设垃圾投放点，重新选择其他合理位置设垃圾投放点。

在团体、集体活动中，我们通常过多考虑多数人利益而忽视了少数人的利益，甚至存在以维护多数人利益为由侵犯少数人利益的情形，上述案例就是典型。我们之所以不应当允许多数人侵害少数人的利益，就是因为每个人都有可能成为少数人，保护少数人就是保护我们每一个人。这种理念在刑事案件中尤为明显，为什么律师要为犯罪分子提供辩护？为什么要给予犯罪分子程序上的合法权益？就是因为，如果没有程序正义，那么公安机关就可能严刑逼供，检察机关就可能随意公诉，法院就可能不依据事实和法律枉法裁判，那么就可能出现人人会被随时受审，从而导致人人自危的情况。因此，维护少数人的合法权益就是维护自身的权益。

关于业主撤销权的规定主要体现在原《物权法》第78条和现行《民法典》第280条：业主大会或者业主委员会的决定，对业主具有法律约束力。业主大会或者业主委员会作出的决定侵害业主合法权益的，受侵害的业主可以请求人民法院予以撤销。而此处的合法权益除了实体权益外，是否包括程序性权益似乎存在争议。

《建筑物区分所有权纠纷解释》第12条规定：业主以业主大会或者业主委员会作出的决定侵害其合法权益或者违反了法律规定的程序为由，依据民法典第280条第2款的规定请求人民法院撤销该决定的，应当在知道或者应当知道业主大会或者业主委员会作出决定之日起一年内行使。

上述规定将可撤销的范围从业主实体权益扩张至程序性权益，有利于对业主权利的保护。鉴于撤销权的问题并不复杂，业主只要有明确的证据证明自己实体权益受损或业主大会有重大的程序瑕疵，即可提起撤销权之诉，笔者不再赘述。

必备法律知识24

物业公司没有违约可以被解除合同吗？

——论物业服务合同

　　物业服务合同系《民法典》新增的合同类型，当然这并不表示在《民法典》颁布前不存在物业服务合同，仅表明随着物业服务合同纠纷的增多，《民法典》对现实作出了回应。就像第三人利用业主共有部分进行经营获得的收入，从所有权收益权能也可以推理出归业主共有，《民法典》第282条仍规定：建设单位、物业服务企业或者其他管理人等利用业主的共有部分产生的收入，在扣除合理成本之后，属于业主共有。

　　物业服务合同系合同的一种，除了遵循平等、自由、公平、诚实信用、公序良俗和不得违法等原则外，尚需遵守合同神圣和合同严守原则。合同神圣即合同是严肃的事情，应当严肃对待，不能视为儿戏，合同神圣的直接表现就是合同对当事人具有约束力；合同严守即言而有信、言出必行，要严格按照合同的约定办事，原则上不允许擅自变更或解除。①

　　原《合同法》第8条第1款规定：依法成立的合同，对当事

---

① 韩世远.合同法总论[M].北京:法律出版社,2018:41-59.

人具有法律约束力。当事人应当按照约定履行自己的义务，不得擅自变更或者解除合同。《民法典》第119条规定：依法成立的合同，对当事人具有法律约束力。《民法典》第136条第2款规定：行为人非依法律规定或者未经对方同意，不得擅自变更或者解除民事法律行为。以上条文均是对合同神圣、合同严守原则的规定。

我们思考一个问题：业主委员会经业主大会决议并授权与物业公司签订物业服务合同后，物业公司兢兢业业、尽职尽责履行物业服务合同，但业主委员会偶然发现有物业公司物业收费更低，服务项目更多，服务标准更高，那么，在物业公司没有任何违约行为或者错误行为的情况下，业主大会能否通过表决解除与物业公司签订的物业服务合同？也就是业主大会是否有权随时解除物业服务合同？

从合同神圣和合同严守的原则及大部分的合同实践出发，业主大会自然没有权利随意解除物业服务合同。如买房子不能随意解除合同并要求返还购房款或定金，租房子不能随便提前退租并要求归还押金。但有一类合同，法律赋予了当事人双方任意解除权，即委托合同。

原《合同法》第396条和《民法典》第919条规定：委托合同是委托人和受托人约定，由受托人处理委托人事务的合同。一般认为，委托合同是委托他人处理自己的事务并由自己承担后果的合同，而委托人之所以如此是基于对受托人的信任，同时受托人愿意接受委托也是基于对委托人的信任。因此当信任关系不存在，就可以行使原《合同法》第410条和《民法典》第933条规定的任意解除权。

那么物业服务合同是委托合同吗？当然此处的"是"表示归属关系，即物业服务合同属于委托合同的一种吗？

主流观点认为物业服务合同属于委托合同，全体业主通过业主大会表决的方式委托物业公司对小区进行管理。如陈华彬教授认为，小区业主自行管理小区与委托物业公司管理小区是全体业主管理小区的两种方式，建筑物区分所有权人即全体业主与管理人即物业公司属于一种委托关系。[1]高富平、黄武双教授认为，物业管理合同是一种特殊的委托合同，委托合同可以产生受托人对外的代理关系，也可以针对一般事务的处理，而这种事务处理并不产生代理关系，而物业管理企业实施的行为主要是事实行为而不是法律行为，系对不动产及其附属设施的管理服务行为。[2]徐海燕教授认为：（1）委托关系能够较好阐明物业服务企业管理权限的来源；（2）有利于确保业主区分所有权的圆满实现；（3）有利于培育善良的物业管理人。[3]

笔者赞成主流观点，其主要原因是建筑区分所有权中，业主基于对小区共有部分的共有权产生了对小区共有部分的共同管理权，物业公司并非小区的所有权人，其对小区进行管理的合法性只能基于全体业主的委托，对物业公司而言无业主委托就无权对小区进行管理。原《物权法》第81条和现行《民法典》第284条第1款便采用"委托"的用语进行规定：业主可以自行管理建筑

---

① 陈华彬.建筑物区分所有权法[M].北京:中国政法大学出版社,2018:234.

② 高富平,黄武双.物业权属与物业管理[M].北京:中国法制出版社,2002:174.

③ 徐海燕.区分所有建筑物管理的法律问题研究[M].北京:法律出版社,2009:259-262.

物及其附属设施，也可以委托物业服务企业或者其他管理人管理。

另外关于全体业主随意行使单方解除权的法律依据，笔者认为是原《物权法》第76条第1款和《民法典》第278条第1款规定：下列事项由业主共同决定：……（4）选聘和解聘物业服务企业或者其他管理人。

关于本条，当我们把法条重心放在"共同"上来解读时，其含义就是选聘和解聘物业公司只能由业主共同决定，单个业主无法决定，业主委员会也无法自行决定；当我们把重心放在"决定"上来解读时，其含义就是选聘和解聘物业公司只需要业主共同决定即可，不需要和物业公司协商，也就是全体业主可以共同决定单方解除与物业公司签署的物业服务合同。所以我们在解读法条时重点不同，法条的意义就不同，读者也应学会读懂法条的多种含义。

《物业服务纠纷解释》（2009）第8条也为全体业主的单方解除权提供了法律依据，即业主大会按照《物权法》第76条规定的程序作出解聘物业服务企业的决定后，业主委员会请求解除物业服务合同的，人民法院应予支持。另外，关于前期物业服务合同，《物业管理条例》第26条规定：前期物业服务合同可以约定期限；但是，期限未满、业主委员会与物业服务企业签订的物业服务合同生效的，前期物业服务合同终止。因此，如果开发商与物业公司签署的前期物业服务合同还没有到期，只要业主委员会与新的物业公司签订物业服务合同并生效的，前期物业服务合同即终止。这也是业主大会可以自行决定是否解除与物业公司合同的另一种体现，因此本文问题的答案非常清晰，即通过业主大会表决，业主委员会可以单方解除物业服务合同。

　　本文是关于物业纠纷的第一篇文章，笔者之所以如此安排是为了强调，相较于委托方全体业主而言，物业公司是受业主委托管理、服务小区的，在物业服务合同关系中全体业主才是甲方。实践中，部分物业公司服务态度恶劣、服务水平低下甚至对业主恶语相向、拳脚相加，其根本原因就是物业公司没有摆正自身的位置，把自己当成了"甲方爸爸"，当成了小区的管理者而不是服务者，疫情三年更是强化了这种错误观念，所以才会出现物业公司敢监控业主行踪，将维权意识强的业主称为"刺儿头"的现象。《物业管理条例》（2003）第1条，将物业公司定性为物业管理企业，《物业管理条例》（2007）第1条，则将物业公司更改为物业服务企业，无疑是对现实中物业公司服务意识不强、摆不正自身位置所作出的回应。

　　虽然部分冲突中的业主也有责任，但物业公司摆不正自身的位置、态度恶劣等仍是大部分冲突的主要原因。同时，作为业主也应当给予物业服务人员应有的尊重，以构建与物业公司良性的互动关系，共同建设美好家园。

必备法律知识25

业主能以什么样的合法理由不交物业费？
——论物业费的性质

　　物业纠纷最常见的，就是业主不满物业服务不交物业费被物业公司起诉，业主常用的理由有：不满意物业公司的服务态度和服务质量、开发商向业主承诺赠送一定期限的物业费或不交物业费、遭到其他业主侵权物业公司不闻不问等，不一而足。那上述理由是否成立呢？笔者认为在回答上述问题前，下面的几个问题值得思考。

　　第一，基于笔者一贯的对法律概念的重视，笔者认为第一个问题应当是，什么是物业费？

　　这似乎是一个很容易回答的问题。但原《物权法》和《民法典》均没有对物业费进行定义。关于物业费的规定主要体现在《物业收费办法》第2条规定：本办法所称物业服务收费，是指物业管理企业按照物业服务合同的约定，对房屋及配套的设施设备和相关场地进行维修、养护、管理，维护相关区域内的环境卫生和秩序，向业主所收取的费用。而《深圳物业服务收费管理办法》第2条基本照抄了上述内容规定：本办法所称物业服务收费，是指物业管理企业按照物业服务合同的约定，对房屋及配套的设施设备和相关场地进行维修、养护、管理，维护相关区域内的环境卫生和秩序，向业主所收取的费用。从上述规定中，我们基本可以把物业费理解为物业公司为维护小区共有部分及环境、卫生、秩序，按照物业合同向业主收取的费用，进行缩句处理后就是，物业公司按照合同约定向业主收取的费用，再进行缩句处理就是物业公司向业主收取的费用。

　　既然是物业公司向业主收的钱，那么这个钱归谁所有呢？这似乎也是一个不言自明的问题，钱自然是物业公司的，不过答案似乎并不是这么回事。

　　《物业收费办法》第9条规定：业主与物业管理企业可以采取包干制或者酬金制等形式约定物业服务费用。包干制是指由业主向物业管理企业支付固定物业服务费用，盈余或者亏损均由物业管理企业享有或者承担的物业服务计费方式。酬金制是指在预收的物业服务资金中按约定比例或者约定数额提取酬金支付给物业管理企业，其余全部用于物业服务合同约定的支出，结余或者不足均由业主享有或者承担的物业服务计费方式。

　　《物业收费办法》第11条第1、2款规定：实行物业服务费用包干制的，物业服务费用的构成包括物业服务成本、法定税费和物业管理企业的利润。实行物业服务费用酬金制的，预收的物业服务资金包括物业服务支出和物业管理企业的酬金。

　　如何理解物业费的包干制和酬金制，笔者认为可以把物业公司类比为家里雇佣的保姆，即全体业主雇物业公司为小区提供物业服务。包干制就是雇主每个月向保姆固定支付人民币20000元，这20000元包括平时家庭支出，如洗衣、买菜、做饭等费用及保姆的工资，剩下的钱就是保姆的了，如家庭支出 8000 元，12000 元即为保姆的工资收入，如果家庭支出 23000 元，保姆不仅没有工资自己还要掏 3000 元钱，包干制简单理解就是物业公司盈亏自担；酬金制就是雇主每个月固定支付 20000 元给保姆，保姆每个月固定提成 20% 也即 4000 元作为工资收入，剩余的 16000 元用于家庭支出，如本月家庭支出 20000 元则需要再给保姆补 4000 元，如本月家庭支出 15000 元，则剩余的 1000 元归还业主。也就是物业公司固定提成，小区支出由业主多退少补。

所以笔者认为，物业费的收费方法决定了业主缴纳物业费的最终归属，如果实行包干制，则物业费由物业公司所有，如果实行酬金制，则物业费属于业主共有而由物业公司代收代管。另有学者认为，基于业主团体的存在，无论业主团体是否具备法人资格，均可以成为独立的民事主体，因此，物业管理资金应当归属于业主团体所有而非全体业主共有。[①]

《物业收费办法》和《深圳物业收费规定》第 12 条第 1 款均规定：实行物业服务费用酬金制的，预收的物业服务支出属于代管性质，为所交纳的业主所有，物业管理企业不得将其用于物业服务合同约定以外的支出。

第二，业主为什么要交物业费或者业主交物业费的依据是什么？这似乎是一个不成问题的问题。根据上述内容，物业费是物业公司按照物业合同向业主收取的费用，所以问题的答案似乎非常清晰，即业主是按照物业服务合同约定缴纳的物业费，业主缴

---

① 高富平,黄武双.物业权属与物业管理[M].北京:中国法制出版社,2002:249.

纳物业费是约定义务，也可以说物业费是业主委托物业公司对小区进行管理服务所支付的合同对价。

业主违反约定义务不支付物业费呢？《物业收费办法》第 15 条第 1 款规定：业主应当按照物业服务合同的约定按时足额交纳物业服务费用或者物业服务资金。业主违反物业服务合同约定逾期不交纳服务费用或者物业服务资金的，业主委员会应当督促其限期交纳；逾期仍不交纳的，物业管理企业可以依法追缴。《深圳物业收费规定》第 15 条第 1 款规定：业主应当按照物业管理服务合同的约定按时足额交纳物业管理服务费。该条第 5 款规定：违反合同约定逾期不交纳物业管理服务费的，业主委员会应当督促其限期交纳；逾期不交纳的，物业管理企业可以依法追缴。

从上述规定可以看出，业主委员会仅有督促权利，而依法追缴的权利则赋予物业公司，在实行酬金制，物业费归属于业主共有的情况下，将追缴的权利赋予非权利人的物业公司似乎并不符合一般的法律逻辑。

而根据上述规定，缴纳物业费被定义为业主与物业公司之间的约定义务，如此可能出现什么情况？物业公司是否会对不同业主进行区别对待，尤其是开发商保留部分物业时；物业公司是否会与部分业主因某些事项达成协议，允许部分业主不用交物业费；甚至可能出现物业公司对部分不交物业费的业主不予追诉的情况。另外，既然缴纳物业费是合同约定的义务，如果对物业服务不满意，业主是否有权行使抗辩权拒绝缴纳物业费，这也是实践中大部分业主不交物业费的重要原因，而业主这种所谓的自力救济的方式，对于其他已经缴纳了物业费的业主公平吗？毕竟小区共有部分为全体业主共有，每一个业主都有负担费用的义务，对物业公司服务质量不满意可以要求物业公司赔偿，而不是侵害其他业主的权益，将本应由自己承担的义务转嫁给其他业主。

所以将物业费定义为物业公司与业主的约定义务，会存在诸多理论和实践问题。因此有学者提出应当进行一些法律调整，将业主缴纳物业费的义务定位于法定义务。[①]笔者赞同上述观点，因为物业费是维护小区公共部分的支出，而无论是原《物权法》还是《民法典》，均规定了业主对于建筑物及其附属设施费用分摊的法定义务，并且业主不缴纳物业费侵害的并非物业公司的权益，而是已缴纳物业费的其他业主的权益。而部分业主动辄不缴纳物业费，导致用于小区公共支出的费用减少，如此恶性循环也会损害全体业主的权益。因此笔者认为，应当将缴纳物业费归类为业主的法定义务。

首先，物业服务质量差不能成为业主不缴纳物业费的合法依据。

原《物业纠纷解释》（2009）第3条第1款规定：物业服务企业不履行或者不完全履行物业服务合同约定的或者法律、法规规定以及相关行业规范确定的维修、养护、管理和维护义务，业主请求物业服务企业承担继续履行、采取补救措施或者赔偿损失等违约责任的，人民法院应予支持。

上述条文将业主救济的措施列举为，请求物业公司继续履行、采取补救措施、赔偿损失等。虽然有"等"的表述，但笔者认为并不包括以此为由拒绝缴纳物业费的救济措施。虽然该条规定目

---

① 陈鑫.业主自治：以建筑物区分所有权为基础[M].北京:北京大学出版社,2007:185.

前已被废止，但并不影响因业主不满物业公司服务拒绝缴纳物业费，而被物业公司起诉主张物业费案件的处理。

【案例一】（2015）一中民终字第 01317 号案

北京某物业公司与业主物业服务合同纠纷中，昌平法院特别指出，物业公司的经营范围是对其所管理的小区的房屋及配套的设施设备和相关场地进行维修、养护、管理，维护物业管理区域内的环境卫生和相关秩序，其经费来源主要是业主所缴纳的物业服务费。如物业公司在对小区进行服务的过程中出现瑕疵后，该小区的业主即拒绝缴纳物业服务费，则势必会导致物业公司经营资金的减少，从而再次导致物业服务水平与质量的下降，如此恶性循环，不利于小区乃至整个社会的发展，同时也侵害了已缴纳物业费的业主的合法权益。当该小区的业主发现物业公司在服务过程中出现瑕疵时，其应当主动地向物业公司反映，并提出合理化建议。物业公司也应就存在的问题予以改正，提高服务水平。同时业主也可以通过合法途径向物业公司主张权利。二审法院也维持原判。

【案例二】（2021）粤 03 民终 18019 号案

深圳某物业公司与业主物业服务合同纠纷中，南山法院认为，物业服务企业对小区进行管理并提供服务，其收取的物业服务费等资金是用于整个小区设施的维修、养护、管理等，业主拒交相关费用，将会导致物业服务企业无法开展正常的物业服务活动，不仅损害了物业服务企业的利益，也对其他业主利益造成侵害，业主如对物业服务质量不满意，应通过其他合法途径解决。深圳中院也认为，物业服务企业需以收取的物业管理费保证小区物业服务的正常运行，故业主是否及时足额缴纳物业管理费，不仅影响物业公司开展服务活动，也会影响小区内诸多业主的合法权益。

【案例三】（2021）粤03民终4763号案

深圳某物业公司与业主物业服务合同纠纷中，坪山法院认为物业服务质量及物业服务人员态度，客观上可能影响业主缴纳物业费的主动性，而物业费是用于保障物业共用部位、共用设施设备的日常运行维护、清洁卫生、绿化养护、公共秩序维护、物业服务人员工资等项目的开支，没有相应的物业费，客观上可能会影响物业公司的服务水平和服务质量，以至于恶性循环。二审法院也维持原判。

类似案例有很多，读者可自行参考（2021）粤03民终1697号、（2020）粤03民终9399号等案件，笔者不再赘述。司法实践中，越来越多地将物业费的缴纳与物业公司的服务质量相分离。

其次，开发商的承诺同样不能成为业主拒绝缴纳物业费的合法依据。

无论是基于开发商炒作，还是真实给到业主的优惠，抑或是因房屋质量问题由开发商给出的承诺，都无法对物业公司产生效力，因为从合同相对性来讲，合同双方是不能约定损害合同当事人以外的第三方的利益的。开发商和物业公司虽然有时存在千丝万缕的联系，但是从民事主体角度讲，开发商和物业公司属于两个完全独立的实体，开发商的承诺是无法对物业公司产生效力的。

【案例一】（2010）沪二中民二（民）终字第 2116 号案

上海某物业公司与业主物业服务合同纠纷中，因房屋质量问题，开发商以出具书面情况说明的方式，同意业主暂停支付物业管理费及停车费，业主同意待房屋质量问题解决后再行支付。但上海黄浦法院认为，当事人的争议在于：开发商向业主出具有关因房屋质量问题未修复前业主可暂停支付物业费、停车费的情况说明，对物业公司有无约束力。物业公司与开发商系各自依法登记设立的企业法人，对外依法独立享有民事权利和承担民事义务。业主提出的开发商出具情况说明对物业公司具有约束效力的主张，缺乏事实和法律依据。上海第二中级人民法院也认为，物业公司与开发商是两个独立的企业法人，故开发商向业主作出可暂停支付物业管理费的承诺，对物业公司没有约束力。

而要想让开发商的承诺对物业公司有效，是否只需要得到物业公司的认可即可免除业主缴纳物业费的义务？

【案例二】（2020）粤 03 民终 20443 号案

深圳某物业公司与业主物业服务合同纠纷中，因为房屋质量问题，开发商赠与业主 2 万元的物业费，业主提交了开发商签署的《代为缴纳物业服务费确认函》，且该确认函得到了物业公司的确认，最终深圳中院认定业主无须再缴纳物业费。

但本案判决是否正确，读者可以考虑。本案中，业主入伙时间是 2018 年 7 月 26 日，物业公司起诉业主，要求支付 2018 年10 月 1 日至 2019 年 10 月 31 日的物业费，业主提交的《代为缴纳物业服务费确认函》仅仅是开发商确认赠送的物业费，但开发商并未实际缴纳，本案判决的实质是开发商和物业公司因房屋质量问题免去业主缴纳 2 万元物业费的义务，如果该小区实行的是酬金制的收费模式，无论是理论还是法律规定，物业费都是业主共有的，试问开发商和物业公司有权利免除部分业主的交费义务吗？即便是在包干制的收费模式下，物业费归属于物业公司所有，但开发商和物业公司因房屋质量问题就免除部分业主缴纳物业费的义务，对其他缴费的业主是否公平？毕竟物业费主要是用于小区公共支出，房屋质量有问题自然有其解决问题的方法，但房屋质量问题跟业主缴纳物业费本质上是两种法律关系。

因此对本案判决，笔者认为是让本应该由开发商承担的房屋质量问题的责任，结果转由全体业主承担。这也是笔者认为应当将缴纳物业费定性为法定义务的主要理由。

同时，关于物业费所有权归属的问题，《深圳物业条例》（2019）并未依收费方式进行区分，而是在第 70 条直接规定，物业管理费与共有物业收益、物业专项维修资金一样均属于业主共有资金。因此，归属于业主共有的资金，开发商、物业公司没有权利允许部分业主不用缴纳。

业主不缴纳物业费的其他理由笔者不再赘述，笔者认为业主动辄以各种理由不交物业费，本质上还是在观念上认为物业费是物业公司的私人财产，不交物业费就是对抗物业公司的自力救济行为，而没有认识到物业费的大部分是用于小区公共支出的。这样错误观念的形成并非由业主单方面造成的，而是物业收费制度本身存在的问题。无论是 1994 年颁布的《深圳住宅物业条例》还是 2007 年颁布的《深圳物业条例》，均没有将物业费与专项维修资金置于同等位置确定为业主共有，并且 2006 年颁布的《深圳物业收费规定》虽然将采用薪酬制收费的物业费确定为业主共有，但仍然是由物业公司代收，因此业主理所当然地认为不满物业公司的服务就可以自力救济不交物业费，这也是实践中因物业费导致诸多纠纷的根源，即物业费的所有权主体与收取主体、管理主体存在错位。

直到 2019 年修订的《深圳物业条例》第 70 条第 1 款才将物业费确定为业主共有资金，并在第 72 条规定：业主大会可以在数据共享银行开设业主共有资金基本账户，也可以继续使用物业服务企业在数据共享银行开设的业主共有资金共管账户。而根据深圳市住建局 2020 年发布的《深圳业主共有资金办法》第 7 条中规定：业主共有资金基本账户是指业主大会在取得社会统一信用代码证后，在数据共享银行开设的账户。因此，要想开设业主共有资金的基本账户需要取得业主大会的社会统一信用代码证，也就是业主大会取得法人资格。因此笔者相信，随着业主大会逐步取得法人资格，物业费缴纳到业主共有资金的基本账户而不是物业公司的账户，即便物业公司服务质量差，业主也不会再将是否缴纳物业费和物业服务质量联系在一起。

回到本文的问题，业主究竟能以什么样的合法理由不缴纳物业费？笔者认为，随着业主大会逐步取得法人资格，物业费的所有权主体和管理权主体回归一致，业主缴纳物业费的义务更多应定性为《民法典》第 273 条和第 283 条规定的法定义务。因此，除非不是业主了才不需要承担缴纳物业费的义务，也就是业主没有任何理由不缴纳物业费，缴纳物业费是业主的法定义务。

回到第一个问题，物业费到底是什么？还以家里请保姆为例，我们自己请保姆一般是家庭支出的钱还是在自己的账户，需要支出时再支付给保姆或者给保姆一张自己的卡抑或每个月给保姆一定额度的家庭支出，但是家庭支出和工资一定是分开的。而对于小区管理而言，在业主大会不具备法人资格前，其实也可以认为家里没有一个能代表全家利益的家长，也没有一个可以存放全体业主物业费的家长账号，所以只能把物业费支付给物业公司。而在业主大会取得法人资格后，业主自然是更加愿意把物业费支付至业主共有的账户。因此，笔者认为，此时的物业费本质上就是，小区业主为小区公共部分、公共区域、公共秩序的维护和管理所承担的法定的费用分担的义务，也只有认定了缴纳物业费是法定义务，将物业费与物业公司服务分离，互相独立，才能减少因物业服务质量问题导致的拒交物业费的情形，保证小区运营的资金充足，更好地建设美好和谐家园。

最后我们再问一个问题，如物业服务质量不符合合同及法定标准，业主起诉减少物业费是否应当得到支持？根据前述内容及《物业服务纠纷案件解释》（2009）第3条的规定，我们基本可以认为不得因物业服务质量问题减少物业费的支付。在（2016）粤03民终7635号—7637号案件中，深圳中院明确提出，从司法解释的规定可以看出，如果物业服务企业不履行或者不完全履行物业服务合同约定的或者法律、法规规定以及相关行业规范确定的维修、养护、管理和维护义务，业主要求物业服务企业承担违约责任的方式为继续履行、采取补救措施或者赔偿损失。也就是如果物业服务企业没有履行自己的物业服务义务，业主可以要求其继续履行、采取补救措施，或者采取在委托其他企业完成本该由物业服务企业完成的义务后要求物业服务企业承担有关费用等赔偿损失措施，司法解释没有赋予人民法院调整物业服务企业收费标准的权利。物业收费标准是由物业服务企业与业主委员会签订的物业服务合同确定的，是当事人的意思自治内容，如果合同当事人认为签订的物业服务合同需要变更，也应依照相应的程序通过协商或者诉讼的方式来解决，在当事人没有就此提起诉讼之前，该内容属于当事人的意思自治，人民法院没有调整的权利。因此笔者同样认为，人民法院无权因为物业公司服务存在瑕疵行使自由裁量权，并自行酌定适当减少物业费。

物业公司能否对不交物业费的业主停水停电？

——谈对欠费业主的限制

业主不交物业费，物业公司擅自停水停电的事情在深圳发生得不多，并且该问题的答案比较清楚，即物业公司无权以业主不交物业费停水停电，笔者就法律思路做简单介绍。

第一，关于物业公司是否有权停水停电。首先，我们应当明确的是，停水停电这样的行为理论上是水电的所有权人行使所有权的表现，因此第一个应当考虑的问题是水电的供应者是谁，很明显不是物业公司。《民法典》第648条第1款规定：供用电合同是供电人向用电人供电，用电人支付电费的合同。供电人也就是我们常说的电力公司，因此是电力公司而不是物业公司与业主之间成立供用电合同。物业公司根本就不是供电合同的当事人，所以，一般情况下物业公司是无权停水停电的。

第二，《民法典》第654条规定：用电人应当按照国家有关规定和当事人的约定及时支付电费。用电人逾期不支付电费的，应当按照约定支付违约金。经催告用电人在合理期限内仍不支付电费和违约金的，供电人可以按照国家规定的程序中止供电。供电人依据前款规定中止供电的，应当事先通知用电人。

因此，即便业主欠缴电费，供电人也不可以随意停电，而要履行前置的催告程序，业主在催缴的合理期限内仍不支付相关费用的，供电人才可以采取停电措施。

《电力供应与使用条例》第27条规定：供电企业应当按照国家核准的电价和用电计量装置的记录，向用户计收电费。用户应当按照国家批准的电价，并按照规定的期限、方式或者合同约定的办法，交付电费。

第39条规定：违反本条例第27条规定，逾期未交付电费的，供电企业可以从逾期之日起，每日按照电费总额的1‰至3‰加收违约金，具体比例由供用电双方在供用电合同中约定；自逾期之日起计算超过30日，经催交仍未交付电费的，供电企业可以按照国家规定的程序停止供电。

也就是业主逾期交付电费超30天，供电企业履行了催告程序后业主仍未支付电费的，可以停止供电。

因此，无论何种情形，电力公司都不得擅自停电，而应当先履行相应催告程序后才可以依法停电。

有物业公司可能会说，上述规定只是限制供电企业需要履行催告程序，如果电力公司把管理权授权给物业公司，物业公司就可以不用履行催告程序。

笔者认为，运用当然解释的方法就可以解决该问题，连作为电力所有权人的电力公司都需要履行催告义务，举重以明轻，作为电力管理人的物业公司更需要履行催告程序了。理由是电力公司无权随意停电，其当然无法授权物业公司随意停电。一个基本的逻辑：自身都没有的权利当然也无权授权他人行使该权利。

因此《民法典》第944条第3款明确规定：物业服务人不得采取停止供电、供水、供热、供燃气等方式催交物业费。另外，《深圳物业条例》第68条第2款也明确规定：未经供水、供电、供气等相关专营单位或者业主授权、行政决定或者司法裁决，物业服务企业不得对共有物业或者物业专有部分实施停水、停电、停气。但是，可能对业主利益或者公共安全造成重大损失的紧急情形除外。

第三，如果物业公司法律意识淡薄，仍擅自停水停电，作为业主，该如何处理？

《深圳物业条例》第115条第1款第1项规定：物业服务企业有下列情形之一的，由区住房和建设部门责令立即改正，给予警告，并处二万元以上五万元以下罚款：（1）违反本条例第68条第2款规定，无正当理由擅自对共有物业或者物业专有部分实施停水、停电、停气。

因此最便捷的处理方式是向主管部门即房屋所在地的区住建部门投诉，住建部门调查清楚事实后应当要求物业公司立即改正，并有权给予相应处罚。2021年11月16日，深圳市福田区住房和建设局作出深福建罚决〔2021〕20号行政处罚决定书，对负责某大厦的物业管理公司作出警告并罚款35000元的行政处罚，其事实理由即为物业公司无理由擅自停电并且长时间拒绝恢复供电。

关于停水停电的问题，笔者介绍如上。

我们再来思考另外一个问题，物业公司、业主委员会能否对欠费业主进行其他限制，如限制欠费业主出入小区、限制欠费业主的投票权。

关于物业公司能否因业主欠缴物业费而对业主作出相应限制，笔者认为，业主不交物业费物业公司无权停水停电，举轻以明重，物业公司自然也无权限制欠缴物业费业主的出入，因为限制出入涉及人身自由问题，并且从必备法律知识 15 中我们可以认为业主欠缴物业费，损害的是其他已缴费业主的权益，本质上业主欠缴物业费与物业公司并没有太大关联，应由业主委员会进行维权，因此对于欠缴物业费业主，物业公司自身并没有权利作出任何限制。

关于业主大会或者业主委员会能否对欠费业主作出限制的问题，在必备法律知识 25 中，我们提到《深圳物业条例》已经将物业费定性为业主共有资金，那么对欠缴物业费这一侵害全体业主权益的行为，至少业主大会或业主委员会是可以向欠缴物业费业主催缴、追讨物业费的。那么业主大会或管理规约是否可以对欠缴物业费业主作出某种限制，如限制其竞选小区业主委员会委员或者限制其投票权呢？

在回答这个问题前，笔者认为有必要介绍一下以全体业主为成员构成的业主大会。虽然从字面意思解释，业主大会似乎指全体业主参加的会议，但从《民法典》第 280 条"业主大会或者业主委员会的决定，对业主具有法律约束力。业主大会或者业主委员会作出的决定侵害业主合法权益的，受侵害的业主可以请求人民法院予以撤销"、《民法典》第 286 条第 2 款"业主大会或者业主委员会，对任意弃置垃圾、排放污染物或者噪声、违反规定饲养动物、违章搭建、侵占通道、拒付物业费等损害他人合法权益的行为，有权依照法律、法规以及管理规约，请求行为人停止侵害、排除妨碍、消除危险、恢复原状、赔偿损失"以及《深圳物业条例》第5条第1款"业主大会、业主委员会、物业服务企业等在中国共产党社区委员会（以下简称社区党委）的领导下依法依规开展物业管理活动"等条款中的表述中能看出，无疑是在确认业主大会的民事主体资格，因为只有民事主体才可以作出一定的民事法律行为。笔者在必备法律知识22中也有论述。

另外，依据朱庆育教授所著《民法总论》，笔者简单介绍一下民事主体理论：（1）民事主体主要是自然人、自然人所进行的团体构造如法人以及非法人团体。（2）基于自然生理规律出生的人称为自然人，与法律拟制的法人相对应，法人的存在反映了自然人的结社自由。（3）法人最重要的特征是能够以自己的名义作出民事法律行为并独立承担责任。以公司为例，公司可以自行签订买卖合同而无须通过全体股东一致同意，并且可以独立承担因此而导致的法律责任，如违约赔偿责任，且一般情况下不会波及股东。（4）法人分为社团法人和财团法人。社团法人是人的联合，设立人成为社团成员，享有成员权，以公司和协会为典型，财团法人以独立财产为基础，没有成员，以基金会为典型。[1]

根据《社团登记条例》（2016）第10条规定，有学者认为业主大会符合社会团体法人非营利性、民间性、自治性的基本特质以及人数、名称、住所、人员、经费来源、独立责任能力等成立条件，因此应当认定为社会团体法人。[2]笔者赞同上述观点，这也是笔者将业主对共有部分的共同管理权表述为成员权的原因。

---

[1] 朱庆育.民法总论[M].北京:北京大学出版社,2016:4.
[2] 朱涛.业主大会法律问题研究[M].北京:法律出版社,2016:148-152.

因此，业主大会或管理规约对欠费业主成员权进行相应限制，笔者认为属于团体内部自治问题，《民法典》《物业管理条例》也不存在禁止性规定。

而《深圳物业条例》第35条对委员及候补委员资格进行了规定：业主委员会委员、候补委员应当为本物业管理区域的自然人业主或者单位业主授权的自然人代表，并符合下列条件：（1）具有完全民事行为能力；（2）本人、配偶及其直系亲属未在为本物业管理区域提供物业服务的企业任职；（3）书面承诺积极、及时、全面履行工作职责。

有下列情形之一的，不得担任业主委员会委员、候补委员：（1）因故意犯罪被判处刑罚，执行期满未逾五年；（2）候选人报名日期截止前三年内，因物业管理相关违法行为受到行政处罚；（3）候选人报名日期截止前三年内欠缴物业管理费或者物业专项维修资金累计达三个月以上；（4）因违法违纪等原因被国家机关、企业事业单位开除公职或者辞退；（5）有较为严重的个人不良信用记录或者严重违反社会公德造成恶劣影响；（6）法律、法规规定其他不宜担任业主委员会委员、候补委员的情形。

因此，上述规定其实是对业主的被选举权进行了限制。笔者认可上述限制欠缴物业费业主选举资格的规定。同时对于表决权、知情权、处分权，笔者认为可以类比公司股东未实缴出资时的处理办法，可以通过管理规约作出特别规定限制欠费业主的表决权，但是对于知情权和处分权不宜进行限制。

必 备 法 律 知 识 27

物业公司不配合安装新能源充电桩合法吗?

随着新能源电动车的普及,充电桩的需求日益旺盛,国家也出台相关政策文件予以支持,如《加快充电设施建设的意见》国办发(2015)73号、《加快居民区充电基础设施建设的通知》发改能源(2016)1611号,深圳市市场监督管理局也出台了《电动汽车充电系统技术规范》。

而现有停车位大多没有充电设备,因此便出现了业主需要在自己的停车位安装充电桩的需求。实践中,业主在向电力公司申请用电时,电力公司会要求出具物业公司同意安装充电桩的证明,而物业公司可能不出具该证明,因而常引发纠纷。另外,本文仅限于讨论业主专有车位的情形,基于业主共有车位需要由业主共同决定,其他产权人如开发商所有车位需要尊重产权人的意思,故该两种车位不在本文讨论范围。

首先,总结《加快充电设施建设的意见》《加快居民区充电基础设施建设的通知》的主要内容如下:(1)供电企业要结合老旧小区改造,积极推进现有居民区(含高压自管小区)停车位的电气化改造，确保满足居民区充电基础设施用电需求。对专用固定停车位（含一年及以上租赁期车位），按"一表一车位"模式进行配套供电设施增容改造，每个停车位配置适当容量电能表。（2）住建部门、街道办事处、社区居委会要主动加强对业主委员会的指导和监督，引导业主支持充电基础设施建设改造，明确充电基础设施产权人、建设单位、管理服务单位等相关主体的权利义务以及相应建设使用管理流程。对于占用固定车位产权人或长期承租方（租期一年及以上）建设充电基础设施的行为或要求，业主委员会原则上应同意并提供必要的协助。（3）物业服务企业应配合业主或其委托的建设单位，及时提供相关图纸资料，积极配合并协助现场勘查、施工。（4）鼓励充电服务、物业服务等企业参与居民区充电设施建设运营管理，统一开展停车位改造，直接办理报装接电手续，在符合有关法律法规的前提下向用户适当收取费用。对有固定停车位的用户，优先在停车位配建充电设施；对没有固定停车位的用户，鼓励通过在居民区配建公共充电车位，建立充电车位分时共享机制，为用户充电创造条件。

其次，如物业公司不配合或者不出具相应同意安装充电桩的说明，业主能否起诉？换一种问法，物业公司是否负有配合业主安装充电桩的义务？

义务分为合同约定的义务和法律规定的义务，业主委员会与物业公司签订的物业服务合同中约定的义务为约定义务，《民法典》第941条规定的不得全部转委托的要求以及第942条规定的物业公司对小区内违法行为及时制止、向主管部门报告并协助处理的义务为法定义务。

通常，物业服务合同是针对小区公共服务的合同，业主专有部分如房屋、专有车位等通常并非在物业服务合同范围内，因此对于小区专有车位安装充电桩的要求物业公司通常不具有履行合同约定的义务。

另外，《加快充电设施建设的意见》和《加快居民区充电基础设施建设的通知》为部门规章和其他文件，不属于行政法规，不具备法定效力。且多为"引导""鼓励""原则上"等措辞，并不具有强制性法律效力。

因此笔者倾向于认为，物业公司一般情况没有约定或者法定的配合义务。

下面举几个案例。

【案例一】（2019）渝 0116 民初 12700 号案

目前在有关充电桩安装纠纷中比较典型的是范某与重庆某物业公司的纠纷，本案系 2020 年度重庆法院民事审判十大典型案例，也是业主想在自己的专有车位上安装充电桩，物业拒绝出具同意安装的证明。

最终法院判决支持了业主的诉求，其理由主要是：（1）大力发展电动汽车，对保障能源安全、促进节能减排、防治大气污染等具有重要意义，而充电设施建设，是电动汽车应用推广的重要举措，国家部委、重庆市发布的相关部门规章、行政规章等均要求物业服务企业在充电设施建设时予以配合、提供便利；（2）双方签订的《停车位物业管理服务协议》第四条约定，本协议中未规定的事宜，遵照国家有关法律、法规和规章执行。业主申请在其停车位安装充电桩，按供电企业要求，需小区物业服务企业出具证明，该"出具证明"为前述协议第四条规定所涵盖，属于该物业公司的合同义务，其应当履行。

因此，本案虽然引用了上述规章，但最终的落脚点还是放在了约定义务上面。

【案例二】（2021）粤01民终24159号案

吴某、余某与广州某物业公司的纠纷中，虽然案涉车位为吴某、余某长期租赁的车位，但法院判决支持了吴某、余某要求物业公司出具同意的证明的诉求。其主要理由是《广州物业条例》第65条中规定，物业服务人应当遵守下列规定：……（4）配合业主和相关单位做好供水、排水、供电、供气、通信、有线电视、新能源充电桩等相关设施设备的安装、维修、养护和改造工作，做好病媒生物预防控制。其落脚点为作为地方性法规的《广州物业条例》明确赋予了物业公司具有配合义务，因此广州的物业公司是负有法定配合义务的。

另外，法院进一步阐述：（1）参照《加快居民区充电基础设施建设的通知》中关于安装居民自用充电桩的相关流程，用户申请安装自用充电桩，须先申请用电，然后由用电部门进行现场勘查以判断是否具有安装居民个人自用充电桩的条件和可行性；（2）应当指出的是，本判决的范围，仅限于相关主体应配合业主申报安装自用充电桩提供相应用电申请材料，并非对案涉停车场是否具备安装充电桩条件的确认；是否具备安装个人自用充电桩条件、是否存在安全隐患，应由相应的供电部门、第三方勘验部门或行政管理部门审查认定，同时，物业公司也不因此而免除或减轻对小区相应公共安全的管理、监督和防范的义务。

因此，本案中物业的配合义务系基于《广州物业条例》规定的法定义务，但《深圳物业条例》并无此项规定。

【案例三】（2022）京02民终11349号案

肖某与北京某物业公司纠纷中。

一审法院认为：物业服务企业对小区的公共区域及设施有进行管理和维护的职责。现有国家政策虽鼓励电动汽车的发展和使用，并就物业公司应配合业主安装电动汽车充电基础设施作出了相应的规定，但上述规定并非具有强制性法律效力的规定，且安装电动汽车充电设施需要业主在居住小区内有固定停车位。

二审法院认为：结合上述通知文件的效力等级以及文件内容，该文件系引导、支持、鼓励物业服务企业积极配合安装充电基础设施，而不是具有强制性法律效力的规定；最终以肖某不具备固定车位、物业公司已经提供由两位业主共享的充电位且满足业主需求为由，驳回肖某的起诉。

从上述案例中可以看出，业主在车位上安装充电桩各地做法不同，但就深圳地区而言，由于《深圳物业条例》中并没有相应的规定，至少物业公司不存在法定的配合义务，因此应注重考虑物业服务合同的相关规定。深圳也有因充电桩引发的纠纷，但不具备典型性，可参考（2018）粤03民终3378号案件，因车位系租赁车位，属于不固定车位，最终被驳回，笔者不再赘述。

另外，我们再思考一个问题，其他业主能否基于安全因素的考虑反对或阻止业主在停车位尤其是地下停车位上安装充电桩？换一种问法：安装充电桩是否违反了《民法典》第272条规定的不得危及建筑物安全的法定义务？

　　新能源汽车自燃的新闻笔者不再过多赘述，虽然由新能源汽车自燃导致的大面积的火灾目前并未见诸报端，但电动自行车因充电导致火灾却时有发生，电动自行车都能引发巨大火灾，更不要说容量更大的新能源汽车了，因此其他业主的担心不无道理。

　　值得一提的是，为遏制电动自行车引发火灾的势头，公安部2017 年颁布了《规范电动车停放充电的通告》，其中第 3 条规定：规范电动车停放充电行为：公民应当将电动车停放在安全地点，充电时应当确保安全。严禁在建筑内的共用走道、楼梯间、安全出口处等公共区域停放电动车或者为电动车充电。公民应尽量不在个人住房内停放电动车或为电动车充电；确需停放和充电的，应当落实隔离、监护等防范措施，防止发生火灾。

　　这也是很多小区禁止电动车上楼充电的直接法律依据。但上述规定，将电动车定义为电动自行车、电动摩托车和电动三轮车，也就是新能源汽车并非在上述规定的规制范围内。但从当然解释的角度讲，电动自行车的电池容量远小于新能源汽车，新能源汽车引发火灾的后果只能比电动自行车更加严重，举轻以明重，新能源汽车的充电及停放相较于电动自行车只能接受更加严格的规制。

　　最后，虽然上述案例中有法院支持了物业公司配合业主安装充电桩的诉求，但笔者认为，对于是否应当允许或者鼓励在停车位上尤其是地下停车位上建设充电桩，除了要考虑新能源政策外，还应当关注全体业主意愿，毕竟全体业主才是最直接的利害关系人，因此笔者认为，可通过召开业主大会就该事项进行表决以维护全体业主的权益。对于安装充电桩是否会危及建筑物安全，也可以交由小区全体业主进行判断。

必备法律知识28

家中被盗，物业公司需要承担责任吗？
——论物业公司义务的边界

家中被盗，物业公司需要承担责任吗？车辆被剐蹭找不到侵权人，物业公司需要承担责任吗？业主违规装修物业公司无所作为，导致其他业主受损，物业公司需要承担责任吗？小区给排水管道阻塞污水倒灌，导致业主房屋被泡，物业公司需要承担责任吗？因小区路面不平整或有积水不小心摔倒，物业公司需要承担责任吗？……关于物业公司是否需要承担责任的问题多如牛毛。

我们扩展一下，小区外来人员在小区受到伤害物业公司需要承担责任吗？受损业主已获赔偿，物业公司是否需要再次赔偿？

再扩展一下，某业主A在消防通道堆放杂物，物业公司未予制止或干预，后业主B屋内失火同时导致业主C财产损害，消防通道被堵阻碍了救火进程，试问业主C家的财产损失除了业主B外，业主A是否需要承担责任？物业公司是否需要承担责任？业主B家的财产损失，除了自身责任外，业主A是否需要承担责任？物业公司是否需要承担责任？业主A及物业公司是就火灾全部损失承担责任还是就因消防通道阻塞导致火势蔓延扩大的损失承担责任？读者可简单思考。

关于物业公司是否需要承担责任，从法律上来讲主要是看物业公司是否违反了相关的约定义务和法定义务。

深圳地方性法规关于物业公司因违反合同义务或法定义务需要承担责任，比较明确的规定较早出现于 1994 年颁布的《深圳住宅物业条例》第 30 条：物业管理公司对住宅区的管理未能达到市住宅主管部门和委托管理合同规定的标准，或者违反委托管理合同规定的，管委会或委托方可以终止合同。因管理、维修、养护不善，造成业主损失的，物业管理公司应当赔偿损失；违反有关法律、法规和政策规定的，由有关部门依法予以处理。

全国性的法规较早出现于 2003 年颁布的《物业管理条例》（2003）第 36 条第 2 款：物业管理企业未能履行物业服务合同的约定，导致业主人身、财产安全受到损害的，应当依法承担相应的法律责任。

2009 年最高院出台《物业纠纷解释》，其中第 3 条规定：物业服务企业不履行或者不完全履行物业服务合同约定的或者法律、法规规定以及相关行业规范确定的维修、养护、管理和维护义务，业主请求物业服务企业承担继续履行、采取补救措施或者赔偿损失等违约责任的，人民法院应予支持。

上述规定内容部分被保留，部分已修订或废止，并被《民法典》《物业管理条例》及《深圳物业条例》吸收。

《深圳物业条例》第 58 条第 1 款规定：业主大会选聘物业服务企业提供物业服务，应当签订物业服务合同，约定物业服务内容、物业服务费标准、合同期限等。第 3 款规定：物业服务内容约定不明的，参照市住房和建设部门发布的物业服务标准执行。

现行《物业管理条例》第35条第2款保留了《物业管理条例》（2003）的规定：物业服务企业未能履行物业服务合同的约定，导致业主人身、财产安全受到损害的，应当依法承担相应的法律责任。

《民法典》第942条规定：物业服务人应当按照约定和物业的使用性质，妥善维修、养护、清洁、绿化和经营管理物业服务区域内的业主共有部分，维护物业服务区域内的基本秩序，采取合理措施保护业主的人身、财产安全。

对物业服务区域内违反有关治安、环保、消防等法律法规的行为，物业服务人应当及时采取合理措施制止、向有关行政主管部门报告并协助处理。也即存在第三人侵害的情况下物业公司的义务。

另外，关于物业公司义务的规定尚有《民法典》第285条规定的接受业主监督、配合政府的积极义务；第941条规定的全部转委托的禁止性义务；第942条第2款规定的及时制止违法行为以及及时报告、协助义务；第943条规定的法定公开及报告义务；第944条第3款规定的以停水、电、热、燃气的方式催缴物业费的禁止性义务；第949条、950条规定的物业服务合同终止后的附随义务。

关于物业是否需要承担责任的问题，笔者认为基本可以分为两类：（1）有第三人侵权的，如家中被盗、车辆被剐蹭；（2）没有第三人侵权的，如因恶劣天气导致个人财产如车辆损坏、不小心摔倒。而判断物业公司是否需要承担责任，甚至扩展到一个普遍的法律问题，即判断一个民事主体是否需要承担法律责任的基本法律逻辑和顺序是：（1）确定该民事主体是否负有约定或法定的义务；（2）如果没有，则该民事主体无须承担责任；如果有，则继续确定该民事主体是否履行了该义务。因此，笔者认为界定物业公司义务的范围，是判断物业公司是否需要承担责任的首要前提。

根据深圳市住房和建设局于2020年7月2日发布的物业服务合同示范文本（深建物管〔2020〕29号），物业公司主要负责：（1）共有物业、共用设施设备的日常维护、运行；（2）公共环境绿化服务；（3）公共清洁卫生服务；（4）公共秩序维护；（5）电梯的日常维护和管理；（6）装饰装修管理服务；（7）物业及设施设备查验、改造、维修、运行、保养、共有物业经营等档案资料管理；（8）业主、物业使用人档案资料管理；（9）配合甲方将供水、排水、供电、供气、通讯等专营设施移交给相关专营单位；（10）配合供水、排水、供电、供气、通讯等相关专营单位进行管理养护、改造相关设施设备或设置管线；（11）配合住建、城管、消防、公安、环保、水务等相关政府部门做好房屋安全、文明养宠、垃圾分类、消防、治安、公共卫生等事务；（12）物业使用禁止性行为的管理；（13）其他＿＿＿＿；（14）按照法律、法规的规定和本物业管理区域管理规约、业主大会决定委托的其他物业服务事项等。

上述内容是确定物业义务的范围依据，结合必备法律知识3中提到的，确定专有部分也是确定物业公司义务边界、责任边界的重要前提，我们也可以再次得出结论：业主专有部分不属于物业义务范围内，除非业主与物业公司有单独约定，因此，专有部分导致损害物业无须承担责任。而对于共有部分，即便是我们常见的房屋渗水、漏水等问题,虽然大部分情况属于业主不当装修导致,但如果渗水原因鉴定为共有部分的原因如外墙,则依法应由物业公司承担责任。如在(2016)粤03民终853号案中,因房屋外墙原因导致业主屋顶霉变,法院认定物业公司在掌控维修资金期间,未尽到物业管理部门的维修义务,应当承担赔偿责任。因案例较为简单,笔者不再赘述。

确定了属于物业的义务范围后,接下来的关键是确定物业公司是否履行了相关义务。笔者认为,确定是否属于物业公司义务范围是一个定性的问题,而确定物业公司是否履行了义务更多的是定量问题,如物业公司负责电梯的维护,那么怎么界定物业公司是否履行了电梯维护的义务呢?假如物业合同约定了每个月检修一次,物业公司有一个月没有检修过电梯,就是没有完全履行电梯维护义务。因此,物业服务合同约定的标准,是确定物业公司是否完全履行义务的重要前提。

前文所述关于物业公司义务的法律规定,不知道读者是否注意到了其中的变化:2009年最高院出台的《物业纠纷解释》,其中第3条中将行业规范与法律、法规等同,均作为确定物业公司义务的依据,但本条已被废止。同时,现行《深圳物业条例》第58条第3款规定:物业服务内容约定不明的,参照市住房和建设部门发布的物业服务标准执行。也即先前的规定、行业规范统一可以作为确定物业公司义务的依据,但是现在只有在约定不明确的时候,才参照主管部门发布的标准,也就是只要约定明确,就可以排除主管部门发布的标准,无论该约定是高于还是低于主管部门的标准。因此,笔者认为该修订实际上降低了物业公司的法定义务。

【案例】（2020）粤 03 民终 24837 号案

福田区某业主的房屋因下水道主管堵塞被污水倒灌，业主要求物业公司赔偿损失。

经法院查明，深圳市市场监督管理局 2016 年 10 月 14 日发布的《住宅物业服务内容与质量规范》（SZDB/Z203-2016），要求对地下雨水、污水井管、沟渠沉积物清理每月至少一次。而物业公司提交的《建构筑物检查保养记录》显示，在 2019 年 1 月 16 日至 2019 年 6 月 1 日案涉事故发生前，物业公司仅在 2019 年 5 月对污水井管、沟渠沉积物进行清理保养，其检修频率上不符合前述行为规范的要求。故物业公司应就案涉事故对业主造成的损失承担赔偿责任。

本案中并未提及物业服务合同是否对污水管的清理有具体要求，但笔者仍认为业主应当谨防物业服务合同约定标准低于主管部门标准的情形出现，甚至可以对物业公司提出更高的标准。

关于物业服务主管部门制定的标准，尚有《物业服务通用规范》（SZDB/Z 42-2011）、《物业服务区域秩序维护规范》（SZDB/Z 170-2016）、《物业服务人员管理规范》（SZDB/Z 171-2016）、《物业绿化养护管理规范》（SZDB/Z 173-2016）、《住宅物业服务内容与质量规范》（SZDB/Z 203-2016）、《物业管理基础术语》（SZDB/Z 287-2018）、《物业服务行业安全管理检查评价规范》（SZDB/Z 307-2018）、《绿色物业管理项目评价标准》（SJG 50-2018）、《深圳市住宅物业服务收费指导标准》（深价规〔2007〕1 号），读者可自行参考。

我们看以下几个案例，笔者主要引述法院说理的部分。

【案例一】（2016）粤03民终15225号案

同样是一起因公共排污管道阻塞导致渗水的案例，法院认为，物业公司张贴的温馨提示载明因楼层的排污主管堵塞，导致业主家里泡水；《公估报告》也陈述，漏水点位于厨房，因公共排污管道堵塞，导致厨房下水道、地漏反水入室，造成室内被淹；故公共排污管道堵塞应为事故发生的主要原因。物业管理企业应对案涉小区的建筑及共用设施等进行维修、养护、管理，包括及时对管道进行疏通、更换等，确保上述建筑及设施能够安全使用。案涉房产发生水浸事故，主要系公共排污管道堵塞导致，并无证据证明业主对该事故的发生有过错，因此，对于该事故导致的损失，应由负有物业管理义务的物业公司承担。

【案例二】（2019）粤03民终17105号案

小区业主A进行装修，与物业公司签订《装修管理协议》，后因业主A装修问题，导致小区业主B家中楼上的下水管被人改造，且业主A存在私搭乱建的情形，业主B遂将业主A、物业公司诉至法院。法院在认定物业公司的责任中提道：根据《装修协议》等证据证明物业公司对此知情并允许，虽然物业公司称该案为业主A个人侵权行为，并出具《维修整改通知函》及关于违规搭建的报告等证据证明其采取了措施，但该证据系物业公司单方面出具的文件，无法证明已送达业主A处，此外，物业公司所称的执法队的后续处理情况也并无证据予以佐证，业主A签署的自行承担一切责任的承诺，系A、B两人之间的约定，该约定对业主 B 并不产生相应法律后果，且物业公司放任业主 A 自行修改下水管道造成本次诉讼，应属于不作为侵权，故其对业主 A 的上述义务应承担督促及补充赔偿责任。

【案例三】（2016）粤 03 民终字第 546 号案

2009 年业主李某因在房屋内违章搭建，物业作出整改通知，业主李某承诺会征得本栋业主书面同意，同时因上述所引起的一切责任、损失、事故或给物业公司带来的损失或不利影响，由李某本人承担。2014 年李某房屋发生火灾，李某遂起诉物业公司要求赔偿。

关于责任问题，一审法院认为：

（1）起火责任：根据审理查明的事实可知，火灾起火点位于案涉房屋卧室内，非人为纵火。该起火地点位于李某家中，不属于物业公司提供物业服务的公共区域，李某对于火灾事故的发生负全部责任。

（2）火灾损失扩大责任：火灾预防系物业服务企业的重要合同义务，根据《消防法》第 18 条第 2 款关于"住宅区的物业服务企业应当对管理区域内的共用消防设施进行维护管理，提供消防安全防范服务"的规定，消防设施的维护也是物业服务企业的法定义务。考虑到火灾事故的危险性并涉及不特定人的利益，消防设施维护的标准，应当是确保火灾发生时消防设施能有效投入灭火中。但本案中，火灾发生后，案涉房屋所在楼层的消防栓内无水，致使火势在第一时间内无法得到控制；消防救援人员到场后，因消防栓内无水，致使无法及时开展有效灭火工作，物业公司对火灾过火面积扩大负有一定的责任；同时，案涉房屋存在违法加建搭建，增加了火灾发生后的扑救难度，李某对于火灾过火面积的扩大负有责任。另外，火灾预防涉及全体小区业主的切身利益，因此，即使个别业主违反合同约定未支付物业服务费，物业服务企业也不得以此为由降低消防设施维护标准或拒绝履行消防设施维护义务，但在个案中，物业服务合同系处理业主与物业服务企业权利义务的具体依据。本案中，虽然物业公司不能以李某未按时足额支付物业服务费，拒绝履行消防设施维护义务，但根据公平原则，物业公司因李某的该重大违约行为可减轻赔偿责任。

因此法院最终认定，物业公司对起火没有责任，对火势扩大损失承担10%的责任。二审法院对一审法院责任定性方面予以肯定，只是将物业公司承担的10%的责任变更为25%。

从上述案例法院说理的部分中，我们基本可以认为：（1）对于不存在第三人侵害的情况，损害赔偿责任的承担基本取决于受损害人与物业服务公司双方过错的大小；（2）对于存在第三人的侵害的情况，如物业公司没有过错无须承担责任，如物业公司有过错，其承担的是补充责任而不是连带责任，只有在找不到第三人或者第三人没有能力承担全部责任时，物业公司才需要承担责任。物业公司之所以不需要承担连带责任，主要是物业公司并未与第三人共同侵权，与损害不存在直接的因果关系，与直接侵权人相比物业公司明显过错更小，不具备承担连带责任的事实基础和法律逻辑。

因此我们基本可以回答本文开头的几个问题：

（1）家中被盗，物业公司需要承担责任吗？看物业公司是否尽到安全保障义务，如按约定进行安全巡逻，发现事故后及时报警，向警方提供监控视频，配合警方调查事实，则基本可以认定物业尽到了安全保障义务，物业公司无须承担责任。反之，物业公司则需要承担补充责任。

（2）车辆被剐蹭找不到侵权人，物业公司需要承担责任吗？鉴于监控的缺失一般属于物业公司的责任，因此，如找不到侵权人则物业公司应当承担责任。

（3）业主违规装修物业公司无所作为，导致其他业主受损，物业公司需要承担责任吗？当然需要。

（4）小区给排水管道阻塞污水倒灌，导致业主房屋被泡，物业公司需要承担责任吗？当然需要。

（5）因小区路面不平整或有积水不小心摔倒，物业公司需要承担责任吗？根据《住宅物业服务内容与质量规范》（SZDB/Z 203-2016）附录 D 的规定，物业公司应当保证地面平整、无隐患裂缝和积水，因此物业公司存在一定过失，但笔者认为业主应当承担主要责任。

（6）小区外来人员在小区受到伤害，物业公司需要承担责任吗？内乡法院曾审理这样一起案件：

2020 年 8 月 19 日，原告 4 岁的儿子付某趁家人不备，独自一人骑童车到离家两公里的亲戚家做客，在进入亲戚家小区楼栋后从 6 楼楼道窗户坠落，后因颅内损伤死亡。

原告认为，付某进入案涉小区时，物业工作人员没有履行盘查、登记、测体温的职责，也未履行管理救助义务；被告物业公司应对该小区楼层的窗户进行管理，但却未设置明显的警示标志，其行为构成了侵权，应承担 50% 的赔偿责任。从事发小区监控视频上看，付某在进入小区时，小区物业员工吴某曾对其进行简单问话，因误认为是本小区的孩子便没有过多盘问。付某进入 4 号楼电梯后，在电梯里来回进出几次，并有跺脚哭叫的画面存在，随后从楼上坠地身亡。

最终法院认为，原告之子付某在他人小区内坠楼身亡，作为孩子监护人的父母，放任4岁孩子独自骑童车到离家两公里的亲戚家做客，明显未尽到监护义务，对孩子坠楼身亡的后果应当承担绝大部分责任。物业服务是收费服务，应对整个小区的安全负责，不能因业主与外来人的不同而采取不同等级的安全注意义务，甚至在履行安全注意义务时的标准要比善良人安全注意义务标准高。该小区的物业服务协议中明确载明实行24小时值班制度，定时巡逻，被告某物业公司工作人员在上班期间发现4岁幼童脱离监管时，应承担起临时监护人的义务，确保孩子在得到可靠监护前不出意外。值班门卫虽进行了询问，但仅凭猜测就认定其系居住在本小区的孩子，让其独自一人进入小区并对其进入小区后的活动不再进行任何关注；付某独自一人多次进出4号楼电梯并大声哭闹，该物业值班人员通过电梯监控可发现孩子的异常情况却未能及时发现，最终付某从6楼窗台处坠亡，对该损害后果，该物业公司也应承担一定的责任。

最终，法院依法判决原告承担90%的责任，被告某物业公司承担10%的赔偿责任。[1]

笔者认同上述判决，并且非常赞同法院所述内容，"物业服务是收费服务，应对整个小区的安全负责，不能因业主与外来人的不同而采取不同等级的安全注意义务"。

（7）受损业主已获赔偿，物业公司是否需要另行赔偿？基于

---

[1] 中国法院网：https://www.chinacourt.org/article/detail/2022/08/id/68564473.shtml.

物业公司承担的是补充责任，也就是在直接侵权人无法全部承担责任时，物业公司才需要承担责任，因此，对于受损业主已获全额赔偿的情况下，物业公司不需要再另行赔偿。

另外，物业公司除了因违反义务需要承担责任外，如存在侵权行为也应当承担侵权责任，包括但不限于人身、财产、人格损害，因该情形更多适用侵权责任法，笔者不再赘述。

综上，关于物业公司是否需要承担责任的问题，笔者认为：（1）应当区分是专有部分还是共有部分，并以物业服务合同为依据以确定是否属于物业公司义务范围；（2）应当以物业服务合同和主管部门标准为依据，准确界定物业公司是否完全履行上述义务；（3）读者应当仔细研读本小区物业服务合同，对物业公司的义务范围、义务标准做到心中有数，遇到问题才能有理有据，有的放矢。

第
四
章

其
他

必备法律知识29

邻居把内开门装修成向外开合法吗？
——浅谈相邻关系

在日常生活中，业主除了不可避免地与物业公司打交道外，可能更多的是与邻居产生矛盾，毕竟目前的高层住宅将众多家庭和个人聚集在一个立体空间，与农村各家均有自己的宅基地所形成的平面的相邻关系相比，城市高层住宅所形成的立体相邻关系更为复杂，纠纷既可能产生于左右邻居之间，也可能产生于上下楼邻居之间，甚至是并非直接相邻的上下左右楼邻居之间。

基于笔者对法律概念的一贯重视，我们先来解释相邻关系的概念。相邻关系是指两个或两个以上互相毗邻不动产的所有权人或使用人在行使不动产的所有权或使用权时，如通风、采光、用水、排水、通行等，相邻各方形成的互相给予便利和接受限制而产生的权利义务关系。[①]因此，我们也可以把相邻关系理解为，相邻业主在行使房屋所有权时的适当延伸和限制，也可以说是业主专有权的适当扩张以及一定程度的容忍义务。

---

① 最高人民法院民法典贯彻实施工作领导小组.中华人民共和国民法典物权编理解与适用（上下）[M].//民法典理解与适用丛书.北京:人民法院出版社,2020:433.

基于相邻关系纠纷产生的原因，一般可以将相邻关系纠纷分为三类：（1）因专有部分的使用引起的相邻关系纠纷，如不当装修导致房屋受损害引起的纠纷；（2）因共有部分的使用引起的相邻关系纠纷，如放置空调外机时，不当使用外墙引发的纠纷；（3）因建筑物距离或者不可称量物侵害如噪声、通风、采光、通行等引起的相邻关系纠纷。[①]

相邻关系的法律规定主要体现在《民法典》物权编第 7 章即《民法典》第 288 条至 296 条，共 9 条内容，相较于《民法典》全文 1260 条的内容占比非常小，同时现行规定与原《物权法》规定的内容保持一致，未进行修订，体现了司法实践对于相邻关系问题处理态度的延续性和一致性。其中，笔者认为，读者只需了解其中最重要并且起到纲领作用的规定，即《民法典》第 288 条即可：不动产的相邻权利人应当按照有利生产、方便生活、团结互助、公平合理的原则，正确处理相邻关系。这是处理相邻关系纠纷的指导性原则，我们会发现该规定相对于"私人的合法财产受法律保护，禁止任何组织或者个人侵占、哄抢、破坏""禁止高利放贷，借款的利率不得违反国家有关规定"等刚性法律规定，本规定措辞更加温和，这样原则性的规定在法律实践中最终的判决不会违反一般人合乎理性的判断，因此相邻关系纠纷并不复杂，普通人也可以作出大致正确判断。

下面笔者举几个简单的司法案例供读者参考。

---

① 高富平,黄武双.物业权属与物业管理[M].北京:中国法制出版社,2002:53.

【案例一】（2018）粤03民终5031号案

深圳市罗湖区某小区因房屋之间过道较窄，开发商交付房屋时入户门均设为内开门，业主A装修时将自家房门整改为外开门，物业公司在装修验收时注明入户门的改变对相邻业主有影响，要求该业主整改，后与业主A左右相邻业主B起诉要求业主A恢复入户门为向内开。

业主A抗辩称：（1）大量同样住户门往外开并没有影响他人通行；（2）公安、消防、安监部门并没有指出门往外开影响消防通道；（3）小区公约并没有禁止门往外开的规定；（4）装修时物业公司并没有明确指示和规定门不能往外开。

读者可简单判断业主A将入户门改为往外开是否合法，是否应当恢复原状。

从业主A的抗辩中，我们可以看出业主A所秉承的"存在即合理"的观点和"法不禁止即自由"的民法理念，以及"行政不违法民事即合法"的法律逻辑，但是：（1）一个行为是否合法取决于行为本身而不取决于是否存在类似或者相同的行为，我们不能用一个违法行为的存在去证明另一个类似违法行为的合法性；（2）一个在行政法意义上合法的行为并不意味着在民事上一定合法，因为行政法作为社会管理法，更多考虑的是社会公共利益，但不侵犯社会公共利益不代表不侵犯部分或者个别主体的私人利益，我们在必备法律知识6中提到，工商登记并不能意味着"住改商"的民事合法性，在必备法律知识8中提到，经鉴定不危及建筑物安全的装修行为，也不意味着不侵犯其他业主的权益；（3）业主公约没有"禁止门往外开"的规定，仅仅表明业主没有"禁止门往外开"的约定义务，不代表业主不承担"禁止门往外开"的法定义务；（4）装修时，物业公司没有规定门不能往外开，不代表就可以往外开，因为"禁止门往外开"系合法装修以及业主行使房屋所有权限制的应有之义，如按照业主A的说法，物业公司所有没有禁止的事情都是合法的，很明显这样的逻辑是有问题的。

法院认为：业主A将入户门改向走道开会对包括业主B在内的相邻业主的正常进出造成影响，存在平时开门不注意会给过往人员造成人身和财产损害的隐患，且业主B在经过道前往消防通道时，必须经过业主A的房门，如果在发生火险或其他紧急情况时，会影响包括业主B在内的相邻业主的疏散，因此业主A将入户门改向走道开，一定程度上影响了包括业主B在内的相邻业主的通行和生活。最终法院判决业主A恢复入户门对内开。

笔者简单补充，过道属于业主共有的公共通行部分，将入户门往外开无疑会妨碍其他业主的正常通行，其本质是破坏了业主对共有部分平等使用的机会，就像在共有车位无法满足全体业主使用的情况下，仍然采取固定挂牌管理模式，也是妨害了共有部分的正常用途。

【案例二】（2022）粤0303民初7116号案

深圳市罗湖区某小区业主A家的卫生间外窗连接着业主B家厨房外的阳台，业主B出于安全考虑在自家阳台上搭设雨棚，且封闭了业主A家的卫生间外窗。业主A遂起诉业主B，要求拆除雨棚封闭外窗的部分。

业主B抗辩：窗户如果打开的话，可以从业主A家的卫生间直接到业主B家的阳台，厨房连着次卧，住着两个女儿，这个窗户严重影响到我家人的生命安全以及财产安全，可能随时有人入侵；窗户对于我们身体和心理的影响是巨大的，因为该窗户可以随时进出，我们晚上无法入睡，影响小孩的身体和心理健康。

因此，我们可以看出，业主B仅仅是出于自身安全考虑，就封闭了业主A家的窗户。

经法院查明，业主A家的窗户系向内开，并且开窗后的缝隙仅为10厘米，但业主B却用磨砂玻璃和金属外框将窗户完全封闭，且无其他通风口，因此业主B实质上是在未确认是否真的存在安全隐患的情况下，就擅自封闭了其实对其本身并不构成安全隐患的窗户。

法院认为：业主A家的窗户与业主B家的生活阳台相连，若业主B认为该窗户存在安全隐患，可以与业主A沟通后协商合理的方式处理该问题，但业主B擅自用磨砂玻璃将业主A家的外窗封闭的行为，不仅违背邻里间和睦相处、互谅互让的公序良俗，还给业主A室内的通风、采光造成了影响，侵害了业主A的合法权益，应当予以拆除。

【案例三】（2020）粤03民终22346号案

深圳市福田区某小区业主A、业主B为左右邻居关系。业主A家阳台朝向为西北向，与业主B家阳台互成直角，业主B在对房屋进行装修时将阳台进行改建，为扩大阳台使用面积，为阳台加装支撑板，使防盗栏能向外延伸并超出基准线30厘米，但相关部门未认定该扩建行为违法。业主A遂以扩建的防盗栏导致其阳台仅剩三分之一的采光为由，要求业主B拆除扩建的阳台防盗栏。

业主B抗辩：防盗栏本身是透风的，没有密封，风和光随时可穿过，不影响业主 A 的采光。

经法院实地测量，业主 B 扩建的防盗栏突出长度 30 厘米，原告阳台长度 140 厘米，阳光照射的时候被告的防盗栏延伸出来的部分会在业主 A 房屋内留下部分阴影。同时，《小区管理规约》第 7 条规定：业主应遵守法律、法规和本规约的规定，按照有利于物业使用、安全、整洁以及公平、合理、不损害公共利益和他人利益的原则，在供电、供水、供热、供气、排水、通行、通风、采光、维修、装饰装修、环境卫生、环境保护、房屋外观等方面妥善处理与相邻业主的关系。

一审法院认为，业主 B 对其自家阳台扩建延伸，并将防盗窗向外扩展，该行为本身并无不妥，相关执法部门现场调查后也未将此定性为违法行为，但是否为违法行为并不是判断是否侵犯相邻关系的关键性因素。业主 B 将其阳台和防盗栏延伸出阳台基准线 30 厘米，业主 B 通过延伸该 30 厘米的距离获得空间，业主 B 的生活因此获得更多便利，但该行为同时也对业主 A 的房屋造成了巨大的影响，业主 A 房屋内原本就不充足的光线变得更加暗淡；且业主 B 延伸的 30 厘米部位，刚好位于业主 A 客厅出阳台位置，使业主 A 屋内本就狭小的阳台视野变得更加狭窄。因此根据法律规定及业主公约，业主 B 应当拆除其扩建部分。

二审法院维持原判。

结合上面的案例，笔者认为，作为业主应当结合必备法律知识 5，明确自身权利的界限，秉持"有利生产、方便生活、团结互助、公平合理"的原则妥善处理相邻关系，确保自身行为的合法性，否则既浪费了钱又耗费了精力，纯纯的竹篮打水一场空，最后还失去了一个胜过远亲的近邻。

必 备 法 律 知 识 30

没有购房资格可以买房吗？
——论"借名买房"

　　购房资格是买房过程中比较重要的问题，同时，鉴于房产利益巨大，对于没有资格但却有购房需求的买家，通常会选择将房屋由亲人、朋友、闺蜜、老乡等熟人代持，待自己有购房资格后再进行过户。如果顺利的话，实际购房人获得了房屋增值的部分，名义所有人一般也会获得相应收益。但不出意外的话总有意外发生，在巨大利益面前，总是会出现一些让实际购房人和名义所有人无法控制的事情。本文在秉承"房住不炒"的原则下，阐述确有合理购房需求的购房者借名买房面临的法律风险，以及没有买房资格正确的买房方式。

　　从实际购房人的风险角度讲借名买房基本会面临以下三个问题：（1）如果实际购房人具备购房资格后名义所有人不愿意过户怎么办，可以要求过户吗？（2）如果名义所有人私自将房屋出售或抵押贷款怎么办，可以要求撤销买卖合同或抵押合同吗？（3）如果名义所有人对外欠债，债主查封拍卖房子怎么办，可以排除债权人的强制执行吗？

第一个问题：实际购房人具备购房资格后名义所有人不愿意过户，可以要求过户吗？

能否要求过户，首先取决于双方是否构成借名买房；其次取决于借名买房合同是否有效。

1. 实际购房人与名义所有人是否构成借名买房的法律关系，主要取决于是否由实际购房人进行出资，并且存在由实际购房人享有房屋所有权的合意。

鉴于借名买房通常发生在熟人之间，虽然房屋利益巨大，但没有签署代持协议的情况非常多见。如果没有代持协议，则需要由其他证据进行佐证存在代持合意，但是否能够达到存在代持合意并不容易判断。

笔者就借名买房举例如下：

在（2014）粤高法民申字第 1692 号案件中，实际购房人与名义所有人为男女朋友关系；在（2015）粤高法民申字第 1537 号案件中，实际购房人与名义所有人为闺蜜关系；在（2018）粤民申336 号案件中，名义所有人是实际购房人妻子的母亲，实际购房人与其妻子闹离婚，名义所有人不愿意过户；在（2019）粤民申12660 号案件中，实际购房人与名义所有人系婆媳关系。

上述案件均没有借名买房的协议，且因为关系亲密，虽有大额资金来往，但没有足够的证据证明双方有借名买房的合意，实际购房人要求过户均被驳回。

虽然有部分无借名买房协议胜诉的情形，如（2016）粤 03 民终 15304 号、（2019）粤民申 2857 号案件，但笔者仍认为协议是认定实际购房人与名义所有人存在合意最直接的证据。上述案例读者可自行参考，笔者将其作为强调借名买房协议重要性的例子，在此不再展开。

2. 关于借名买房协议是否有效，《深圳中院房屋买卖纠纷裁判指引》第33条规定：当事人约定一方出资以另一方名义购买房屋，并将房屋登记在另一方名下，出资人有证据证明其符合政策规定的购房条件，并请求登记权利人协助办理房屋所有权转移登记的，人民法院可予支持，但房屋已被他人善意取得的除外。

对于借名买房协议的效力，对上述规定，有两种不同意见。

一种意见认为，法律和行政法规并未禁止借名买房，出资人和登记权利人之间达成的借名买房协议本质上属于委托合同关系，当事人即便存在通过借名买房规避限购政策的行为，但由于该行为没有违反法律、行政法规的强制性规定，应当认定为有效。

还有一种意见认为，通常情况下，法律并不禁止当事人的借名买房行为，但如当事人通过借名买房、挂名登记等方式规避限购政策，则会影响到房地产调控政策的实施效果，进而对国家宏观经济秩序造成一定程度的破坏。因此，人民法院应当在司法层面对该类行为给予否定评价。对于无效的理由，有三种看法：（1）构成双方恶意串通，损害第三人利益。这种看法认为，双方的行为致使其他具有购房资格的不特定第三人丧失购房机会，实际损害了第三人的利益，应按《合同法》第52条第（2）项规定认定无效。（2）构成以合法形式掩盖非法目的。（3）构成损害社会公共利益。限购政策属于国家因限制房价过快上涨这一社会公共利益需要而制定的公共政策，属于公共秩序的一部分，有助于弥补法律强制性规定的不足，所以违反该政策构成对社会公共利益的损害，应按《合同法》第52条第（4）项规定认定无效。

第二种意见认为借名买房协议无效的三个理由均难以成立。（1）对于第一种无效理由，出资人与登记权利人的协议目的只在于使出资人实际购得房屋，并不具有明显的相互串通、故意损害他人利益的目的。（2）对于第二种无效理由，双方行为仅系规避国家政策，行为本身并没有直接违反法律法规规定，难以认定为《合同法》第52条第（3）项所规定的"非法"。（3）对于第三种无效理由，限购政策只是一种行政调控手段，是通过限制办理过户登记的方式限制购房。由于借名买房有其本身的风险，限购政策是通过增加这种风险来限制借名买房，而不是杜绝借名买房。意思自治的领域由法律和行政法规的强制性规定划定边界，以损害社会公共利益认定合同无效，必须慎之又慎，只能作为弥补法律漏洞、克服法律局限性的工具，而不能作为普遍适用的规则，更不能成为行政权力的工具。如果扩大适用，就会取代法律，过度侵入意思自治的领域，法官也就越俎代庖，实际行使了立法权。

基于以上考虑，借名买房协议一般应认定为有效。当然，如果借名购买经济适用房等政策性、保障性住房，占用有限的社会保障资源，构成恶意串通，损害国家、集体或者第三人利益的，则另当别论。

在借名买房协议有效的情况下，在出资人符合政策规定的购房条件，不属于限购对象的情况下，出资人可以根据借名买房协议请求出借人协助办理房屋过户。

因此，我们可以看到，深圳中院对于借名买房尤其是购买商品房一般认定为有效，并且在实际购房人具备购房资格后，可以根据借名买房协议要求名义所有人协助办理过户。因此在（2017）

粤民申 8700 号、（2017）粤民申 8353 号、（2021）粤民申 4878 号案件中，法院均支持了实际购房人的过户请求。

另外，关于借名买房协议是否有效的问题，在（2020）最高法民再 328 号案件中，最高院在认定借名买房协议效力时认为：2010 年 4 月 17 日发布的《国务院关于坚决遏制部分城市房价过快上涨的通知》（国发〔2010〕10 号），是基于部分城市房价、地价出现过快上涨势头，投机性购房再度活跃，增加了金融风险，不利于经济社会协调发展的现状，为切实稳定房价、抑制不合理住房需求、严格限制各种名目的炒房和投机性购房，切实解决城镇居民住房问题而制定的维护社会公共利益和社会经济发展的国家宏观经济政策。该通知授权"地方人民政府可根据实际情况，采取临时性措施，在一定时期内限定购房套数"。北京市人民政府为贯彻落实该通知要求而提出有关具体限购措施的京政办发〔2011〕8 号文件，系依据上述国务院授权所为，符合国家宏观政策精神和要求。实际购房人在当时已有两套住房的情况下仍借名义所有人之名另行买房，目的在于规避国务院和北京市的限购政策，通过投机性购房获取额外不当利益。司法对于此种行为如不加限制而任其泛滥，则无异于纵容不合理住房需求和投机性购房快速增长，鼓励不诚信的当事人通过规避国家政策红线获取不当利益，不但与司法维护社会诚信和公平正义的职责不符，而且势必导致国家房地产宏观调控政策落空，阻碍国家宏观经济政策落实，影响经济社会协调发展，损害社会公共利益和社会秩序。所以实际购房人与名义所有人为规避国家限购政策签订的《房产代持协议》，因违背公序良俗而应认定无效，实际购房人依据规避国家限购政策的借名买房合同关系，不能排除对案涉房屋的执行。

虽然上述案例并非指导案例，但对借名买房合同效力的认定仍具有很强的参考意义。同时，2022年最高院在工作报告中提道："扎牢民生司法保障网，依法遏制利用'法拍房''借名买房'规避限购，绝不允许通过不当手段影响楼市调控、损害百姓居住权益。"因此，借名买房将面临越来越大的法律风险。

但总体来讲，目前的司法实践中，如果不涉及第三人利益，仅是借名买房双方当事人之间的纠纷，一般实际购房人可以依据借名买房协议要求过户。

第二个问题：名义所有人私自将房屋出售或抵押贷款怎么办，可以要求撤销买卖合同或抵押合同吗？

该问题涉及房屋善意取得的问题。简单来讲，我国物权制度采取公示公信原则：（1）公示原则是指物权的归属、变动、消灭，需要以一定的方式向社会公开，对于不动产而言公示的方法为不动产登记簿；（2）公信原则是指物权的归属、变动、消灭公开后，即便公开的内容与实际的内容不一致，第三人有理由基于对公示内容的信任进行交易，并取得物的所有权。公示公信原则主要是保护交易安全，保护第三人的信赖利益。

《民法典》第311条规定：无处分权人将不动产或者动产转让给受让人的，所有权人有权追回；除法律另有规定外，符合下列情形的，受让人取得该不动产或者动产的所有权：（1）受让人受让该不动产或者动产时是善意；（2）以合理的价格转让；（3）转让的不动产或者动产依照法律规定应当登记的已经登记，不需要登记的已经交付给受让人。

受让人依据前款规定取得不动产或者动产的所有权的，原所有权人有权向无处分权人请求损害赔偿。

当事人善意取得其他物权的，参照适用前两款规定。

具体到借名买房中，假如名义所有人将房屋私自出售，交易相对方不知道名义所有人不是实际购房人的情况，按照市场价支付了购房款，并且已经进行了房屋登记，交易相对方已经实际取得房屋所有权，实际购房人无权起诉交易相对方要求撤销合同过户房屋。

此时，如果实际购房人与交易相对方均起诉名义所有人进行过户，实际购房人的权利也不值得优先保护。

【案例】（2017）粤民申 7356 号案

实际购房人起诉名义所有人进行房屋过户，同时交易相对方也起诉名义所有人，要求履行房屋买卖合同的过户义务并且作为本案第三人参与诉讼，一审判决名义所有人将房屋过户给实际购房人，交易相对方上诉。

深圳中院二审认为：（1）实际购房人与名义所有人对借名买房的事宜并无争议，因此双方为利益共同体，交易相对方是处于与实际购房人和名义所有人相对立地位的第三人，具有独立的诉讼地位及利益。（2）不动产物权的设立、变更、转让和消灭，经依法登记，发生效力；未经登记，不发生效力，但法律另有规定的除外。因此，案涉房产在未登记至实际购房人名下时，案涉房产的权属不能仅依据实际购房人和名义所有人之间的约定发生变动，双方之间存在的是债权债务关系，不具有物权效力。（3）同时，交易相对方已在本诉讼前起诉名义所有人继续履行，案涉房产权利归属的认定已经涉及第三人的利益。（4）交易相对方的利益与实际购房人的利益是相同的，本案不宜对案涉房产进行确权或判令过户。

深圳中院最终改判并驳回了实际购房人要求过户的诉求，广东高院维持二审判决。

抵押借款类似，只要债权人不知道借名买房情况的存在并出借借款，同时已进行抵押登记，就取得房屋的抵押权。

第三个问题：如果名义所有人对外欠债，债主查封拍卖房子怎么办，可以排除债权人的强制执行吗？笔者认为，这是实际购房人最大的法律风险。

这类案件的一般情况是，名义所有人的债权人要拍卖执行名义所有人名下的房屋，实际购房人以房屋归自己所有为由，提出执行异议。如法院裁定驳回执行异议，支持名义所有人的债权人拍卖房屋，则实际购房人提起执行异议之诉；如法院裁定支持执行异议，不支持债权人拍卖房屋，则由债权人提起执行异议之诉，要求恢复执行。

关于本问题，我们直接来看最关键的法律规定以及法院裁判指引：

1. 最高院于 2015 年颁布的《执行异议规定》第 28 条规定：金钱债权执行中，买受人对登记在被执行人名下的不动产提出异议，符合下列情形且其权利能够排除执行的，人民法院应予支持：（1）在人民法院查封之前已签订合法有效的书面买卖合同；（2）在人民法院查封之前已合法占有该不动产；（3）已支付全部价款，或者已按照合同约定支付部分价款且将剩余价款按照人民法院的要求交付执行；（4）非因买受人自身原因未办理过户登记。

其中，能否排除执行关键在于未办理过户登记的原因是否在实际购房人。

2. 广东高院于2019年发布的《执行裁决纠纷解答》第11条提出，案外人异议之诉中，案外人以借名买房为由，请求确认案涉房屋权属并排除执行，如何处理？

意见：金钱债权执行中，人民法院针对登记在被执行人名下的房屋实施强制执行，案外人主张其与被执行人存在借名买房关系，且能够提供证据证明被执行人只是名义产权人、案外人才是实际产权人的，如无损害国家利益、社会公共利益的情形，可以排除执行。

能否排除执行的关键在于借名买房是否损害国家利益和社会公共利益。

【案例】（2018）粤民申9590号案

实际购房人起诉，要求终止对案涉房产的执行，并要求名义所有人配合过户。

一审法院认为：深府办〔2010〕82号《深圳市人民政府办公厅关于进一步贯彻落实国务院文件精神 坚决遏制房价过快上涨的补充通知》于2010年9月30日发布以来，深圳市至今仍实施对非深户家庭在深购房的限制政策，实际购房人签订《深圳市二手房预约买卖合同》时，前述限购政策已公布实施，实际购房人当时明知自己不符合相关政策无购房资格，而在此情况下仍然选择签约买受案涉房屋，并将房屋登记在他人名下，故本案中案涉房屋未能办理过户系实际购房人自身原因所致。据此，实际购房人对案涉房屋的实体权利主张，不符合《最高人民法院关于人民法院办理执行异议和复议案件若干问题的规定》第28条第（4）项关于"非因买受人自身原因未办理过户登记"的买受人优先保护要件，根据该司法解释的规定，实际购房人就执行标的不享有足以排除强制执行的民事权益。一审法院驳回实际购房人的诉求。

二审法院认为：依据《物权法》规定的物权公示原则，借名登记协议的效力主要体现在对内的效力上，对外不具有物权效力，不能直接引起物权变动。实际购房人为规避深圳市住房限购政策限制，将房产登记在名义所有人名下，就应当预见可能由此带来的风险，并应当承担这种风险出现的后果。

并且二审法院强调，根据《物权法》和房地产登记的相关规定，房屋登记管理机关对房产的登记管理是对房屋产权登记确权的唯一法定部门。如果允许以公民、法人私下协议的方式来挑战法律、法规的相关产权登记制度的规定或者政府房地产市场调控政策，势必造成社会经济的乱序和公民法人有关诚实信用方面要求的降低。

再审法院也维持原判，驳回实际购房人的再审申请。

从上述内容可以看出，如果仅涉及实际购房人和名义所有人之间的纠纷，在存在借名买房合意的情况下，实际购房人的权益一般是可以得到保护的。但一旦涉及第三人利益，无论是名义所有人主观恶意处分房产还是因负债导致房屋被查封拍卖，实际购房人的权益基本很难得到保护。这也是借名买房最大的风险所在。

最后，如确实出于居住需要，笔者认为，不具备深圳购房资格正确的买房方式是：（1）签订借款合同借钱给名义所有人；（2）

签订抵押合同将房屋抵押给实际购房人；（3）签订买卖合同，约定名义所有人将房屋出售给实际购房人；（4）签订居住权合同，为实际购房人设立居住权。

上述操作的法律依据在于：（1）同时签订借款合同和买卖合同使双方互负债务，名义所有人的还款义务与实际购房人支付房款的义务得以抵消；（2）将房屋抵押给实际购房人，可以防止名义所有人出售或抵押房屋，并且获取房屋交换价值的优先性；（3）为实际购房人设立房屋居住权可以保证实际购房人对房屋使用权的控制，即便房屋最后无法过户，实际购房人可以长期占有、使用房屋。

上述操作的经济基础在于，房屋虽然具有金融属性，但仍属于商品，商品具有使用价值和交换价值，因此实际购房人只需要控制房屋的使用价值和交换价值，就可以保证自己即便不是房屋的所有人也可以实际控制房屋。设立居住权以控制房屋的使用价值，设立抵押权以控制房屋的交换价值。借款合同和买卖合同被认定为无效的法律风险也要小于借名买房合同。

730万元天价违约金高不高？
——论不安抗辩权的行使及预告登记

2021年6月5日深圳中院作出（2019）粤03民终25339号终审判决，维持龙华法院（2018）粤0309民初860号一审判决，即卖家退还买家已经支付的购房款1965万元，买家向卖家支付违约金730万元。此判决一出，因高额的违约金一时间刷爆网络，读者可自行在网上搜索关键词"深圳730万元违约金"。笔者基于公开判决对该案例作如下阐述。

（为方便读者理解，原告、被告以买家、卖家代替，居间方以中介公司代替）

（一）**基本案情**

（1）一审：2018年1月15日，买卖双方分别签订《二手房买卖及居间服务合同》《补充协议》，约定：房屋总价7300万元，定金365万元，签署合同3个工作日内支付定金至卖家指定账户1中，在2018年2月13日前支付楼款3435万元至卖家指定的账户1中，2018年3月30日前将除定金、交楼押金之外的全部楼款

6935万元支付至双方约定的账户2中，逾期超过5日履行，守约方可以解除合同，并选择要求违约方按照转让成交价的20%支付违约金或承担定金罚则，以承担违约责任。

买家于2018年1月18日支付定金365万元，截至2018年2月14日合计支付1965万元，其后未支付款项。

2018年3月25日，卖家发送《解除合同通知书》给中介公司，中介公司在交易微信群发送上述《解除合同通知书》。

2018年4月8日、2018年4月25日、2018年5月9日卖家向买家邮寄函件告知合同解除事宜。2018年4月25日，买家向卖家发送函件称，发现指定收款账户不妥，希望调整账户进行交易。

（2）二审：买家提交了《检举税收违法行为处理情况简要告知书》，证明国家税务总局深圳市税务局稽查局对卖家与案外人就案涉房产交易过程中存在税收违法行为进行了处罚。

（二）双方诉求及理由

买家主要诉求：卖家退还买家支付的购房款1965万元，卖家向买家支付违约金1460万元，卖家赔偿买家居间费32万元。

买家认为：（1）卖家未出具收据，存在资金风险，有权行使不安抗辩权，拒绝支付剩余款项；（2）卖家在案涉合同履行过程中，将案涉房产另行出售予案外人，存在"一房二卖"的违约行为，应承担违约责任。

卖家主要诉求：买家向卖家支付违约金1460万元。

（三）一审法院观点及判决

1.关于收款账号风险的问题，一审法院认为，未出具收款凭证与买家资金出现安全问题之间不存在直接的因果关系。双方在《补充协议》中已对收款账户作出了明确约定，该代收款约定未违反法律法规的强制性规定，买家拒付购房款的理由明显不足，对买家该抗辩意见，本院不予采纳。

2. 关于"一房二卖"的问题，一审法院认为，卖家向案外人出售案涉房产之行为，是在买家未足额支付购房款并已满足合同解除条件的情况下进行的。卖家在另售案涉房产前，已通过第三人微信告知及邮寄函件的方式多次作出了解除合同的意思表示。卖家向案外人出售房产未违反法律规定。

3. 关于违约金的问题，一审法院认为，卖家已经出售房屋，实现了出售房产利益。卖家未就违约导致的其他损失予以举证，故结合案涉合同的履行情况及买家的过错程度，以转让成交价10%的标准酌定买家应付违约金金额，买家应向卖家支付违约金730万元。

（四）二审法院观点及判决

（1）关于买家主张卖家委托他人代收款的问题，二审法院认为，如果卖家委托他人代收款导致偷税漏税的情形发生应由税务机关依法追缴，不影响合同效力。

（2）关于违约金的问题，卖家并未举证10%的违约金低于其实际损失，卖家主张按照20%的标准支付违约金不予支持。

因此，最终买家向卖家支付730万元违约金。

（五）笔者观点及建议

1.关于买家能否以资金安全为由行使不安抗辩权。

首先，不安抗辩权是指双务合同中双方债务履行存在先后的情况下，于合同订立后发现履行一方当事人有丧失或者可能丧失履行债务能力的情形，比如经营状况恶化，转移财产、抽逃资金以逃避债务，或者丧失信誉等，可能危及先履行一方当事人债权的实现时，如仍强迫先履行一方先为给付，则有悖于公平原则和诚实信用原则，故法律允许先履行债务的当事人中止履行，先履行方当事人在后履行方当事人提供适当担保或者恢复履行能力之前，可以拒绝后履行方给付请求的权利。①

原《合同法》第68条、现《民法典》第527条规定：应当先履行债务的当事人，有确切证据证明对方有下列情形之一的，可以中止履行：（1）经营状况严重恶化；（2）转移财产、抽逃资金，以逃避债务；（3）丧失商业信誉；（4）有丧失或者可能丧失履行债务能力的其他情形。当事人没有确切证据中止履行的，应当承担违约责任。

因此，先履行一方要有实质的证据证明存在危害债权的情形，而本案买家仅仅以他人代收款认为资金存在风险拒绝支付，理由并不充分。另外，危害债权情形发生的时间须为合同订立后，而他人代收的合同约定是已经存在的。如果先履行方明知此情形仍进行缔约，则属于自甘冒险的投机行为，没有特别保护的必要。②

因此，笔者认同法院的观点，即买家以资金安全为由行使不

---

① 韩世远.合同法总论.北京:法律出版社,2018:415.
② 同上:417.

安抚辩权的理由不充分，但说理并不充分，笔者补充如上。

2.买家能否以可能涉嫌偷税漏税为由行使不安抗辩权。

首先，该笔交易进行期间，2018年3月28日深圳出台"三价合一"政策。

其次，卖家也认可其被处罚的原因是申报的成交价与实际成交价不符，并抗辩以评估价过户也是双方合意的结果。即便是为了规避税费损害国家利益，也仅仅是过户条款的无效，并不影响双方《补充协议》的效力。

关于偷税漏税的问题，法院认为，卖家委托他人收款如果导致偷税漏税的情形发生应由税务机关依法追缴，不影响合同效力。

笔者认为，此种说法值得商榷。

（1）公民有检举揭发违法犯罪行为的权利和义务，那么公民是否有配合合同相对方违法犯罪的义务？如卖菜刀的商家与买家签订了一份买卖合同，后发现买家购买菜刀是为了实施抢劫，卖家为了阻止买家违法犯罪能否违约拒绝交付菜刀；或者卖家本来就知道买家买菜刀是用于抢劫，但为了牟利仍与买家签订了买卖合同，后来无论是卖家良心发现还是出于可能成为违法犯罪人帮凶的担忧，又不愿意交付菜刀给买家了，这时候卖家需要承担违约责任吗？

（2）本案买卖合同签订在"三价合一"政策出台前，阴阳合同的情形十分常见，一份真实价格合同用于双方交易，一份高价合同用于银行贷款，一份低价合同用于避税，卖家被处罚的情况也印证了买卖双方同样存在真实交易价格与申报价格不一致用于避税的情形。

（3）根据原《合同法》第52条的规定，恶意串通，损害国家利益的行为是无效的，卖家也认可规避税费损害国家利益的问题。

最后，司法判决应当具备警示意义，起正向引导、遏制非法行为的作用，允许一份涉嫌偷税漏税的合同继续有效，让阻止合同相对方可能违法的当事人承担违约责任，无疑是迫使一方当事人纵容甚至不得不配合违法行为。

3.本案中，买家担心钱付完后无法过户的问题，其实早在2007年《物权法》就给出了答案，其第20条第1款规定：当事人签订买卖房屋或者其他不动产物权的协议，为保障将来实现物权，按照约定可以向登记机构申请预告登记。预告登记后，未经预告登记的权利人同意，处分该不动产的，不发生物权效力。《民法典》第221条也规定：当事人签订买卖房屋的协议或者签订其他不动产物权的协议，为保障将来实现物权，按照约定可以向登记机构申请预告登记。预告登记后，未经预告登记的权利人同意，处分该不动产的，不发生物权效力。因此，如买卖合同中有相关预告登记约定，就不会发生本案纠纷。因此鉴于房屋买卖合同标的额大、交易流程烦琐，读者在房屋买卖时一定要慎之又慎。

必备法律知识32

如何把房子传承给子女？

——兼论居住权的作用

中国房地产发展已超40年，而多数业主以家庭中的父母居多，因此如何把房屋过户给子女是多数业主面临的一个问题。本文阐述继承、房屋买卖、赠与等方式的优缺点，并适当讨论居住权在养老问题中的作用。

首先，从本质上讲，父母无论通过什么方式将房屋过户给子女，均属于不动产物权变动的范畴，如此就要稍微提一下物权变动的问题。从财产法的分类看，财产主要分为物权和债权，债权行为本身并不会引起物权的变动，如：买一部手机，买家付了钱之后需要卖家交付手机，手机才可以成为买家的财产，未交付之前，买家只能要求卖家交付手机而不享有手机的所有权。再如，买一套房子，签订买卖合同本身并不能作为买家享有房屋所有权的依据，而只有到不动产登记中心进行登记后，才可以认定买家成为所有权人。同时，鉴于债权发生的时间与物权变动的时间经常存在不一致的情形，因此，就产生了相应的法律风险，"一房二卖"、房屋赠与被撤销等均源于此。除了上述因买卖、赠与等法律行为导致的物权变动外，继承的发生也是物权变动的原因之一。

其次，当通往目的地有多条路时，选择一条安全、经济的路无疑是最理性的选择，对于将房屋过户给子女也是如此。

（一）关于如何安全转让

1. 对于继承而言，分为遗嘱继承和法定继承。两者非常好区分，遗嘱继承是按照被继承人生前设立的合法有效的遗嘱，继承被继承人遗产的一种继承方式；法定继承是在被继承人生前没有合法有效的遗嘱的前提下，由法律直接规定继承人的范围、继承顺序、遗产分配的原则的一种继承方式。说得通俗一点就是，被继承人生前有合法有效遗嘱的就按照被继承人的意思，没有合法有效遗嘱的就按照法律规定。

因此，关于继承需要考虑的就比较简单，如果不想按照目前的法律规定，或者想过户的对象并不在法定继承范围内即第一顺位的配偶、父母、子女和第二顺位的兄弟姐妹、祖父母、外祖父母，比如想把房屋过户给侄子、外甥、孙子或其他第三人甚至国家、集体，这时就需要用到遗嘱。根据目前《民法典》的规定，关于自书遗嘱需要遗嘱人亲自书写签字并注明日期，而代书遗嘱、打印遗嘱、录音录像遗嘱、口头遗嘱均需要两名以上无利害关系的具备完全民事行为能力的自然人进行见证，通常以律师见证为主，同时，遗嘱人也可以对上述遗嘱进行公证、撤销和变更。如果同时存在多份遗嘱，根据《民法典》第1142条的规定，以最后一份遗嘱为准，本条规定修改了原《继承法》第20条公证遗嘱优先的规定，更加尊重遗嘱人真实意愿，公证遗嘱不再具有当然的优先性。

2. 对于赠与而言，首先，需要重视的一点是，除了赠与合同具备道德义务性质或者进行了公证，一般情况下，在所赠与的财产权利转让前赠与是可以撤销的，也就是房屋过户前赠与是可以撤销的。其次，赠与也是可以附相应条件的，如约定房屋在赠与人在世期间不能买卖并保证赠与人的居住使用，如果受赠人违反规定，则赠与人可以撤销赠与。最后，如果受赠人严重侵害赠与人或者赠与人近亲属的合法权益或者不履行扶养义务，赠与人也可以撤销赠与。

3. 对于买卖而言，是市场经济条件下常见的物权变动的方式，因此对于父母而言，将房屋卖给子女更多的是一种形式。而此时，买卖不能损害债权人利益，也就是只要父母没有对外负债又低价转让房屋最终导致还不上债的情况即可。

（二）关于如何低成本转让

关于房屋过户，主要牵涉契税、增值税、个人所得税以及印花税。笔者简单介绍如下：

1. 契税

基于笔者对概念的一贯重视，契税是指土地、房屋权属发生转移时，对产权承受人征收的一种税。《契税法》第 1 条规定：在中华人民共和国境内转移土地、房屋权属，承受的单位和个人为契税的纳税人，应当依照本法规定缴纳契税。

因此，我们会发现，契税是与房屋过户最紧密的一个税种，只要涉及产权变更就属于缴纳契税的范围，无论是房屋买卖、赠与、继承还是更名、共有份额变动，甚至是以房入股。

关于房屋过户，契税免征的情况目前主要有：（1）婚姻存续期间、离婚分割共同财产变更房屋权属的；（2）法定继承人通过继承受让房产的。

而关于房屋赠与，虽然是没有价格的权属转让，但按照规定，税务机关会依法参照市场价格核定房屋价格。如父母将自己的大房子与子女的小房子进行互换，则按照房屋价格差额进行计税。

个人将受赠、继承、离婚财产分割等非购买形式取得的住房对外销售的，其购房时间按照发生受赠、继承、离婚财产分割行为的时间确定。其购房价格按照发生受赠、继承、离婚财产分割行为前的购房原价确定。

深圳目前购买家庭唯一住宅，90平方米以下按照1%，90平方米以上按照1.5%，其他情形按照3%征收契税。

2. 增值税

增值税是以商品和劳务在流转过程中产生的增值额作为计税依据而征收的流转税。因此，就房屋过户而言，增值税仅存在于房屋买卖的情形，因为赠与和继承是不产生增值额的。

目前北上广深四个一线城市，如两年以内转让房产，则按照5%进行全额征收，目的主要是抑制炒房。对于两年以上转让非普通住宅按照5%的差额征收，两年以上转让普通住宅，免征增值税。

根据《深圳市住房和建设局关于调整享受优惠政策普通住房认定标准的通告》，普通住宅需要同时满足：住宅小区建筑容积率在1.0以上、单套建筑面积144平方米以下或套内面积120平方米以下这两个条件。

3. 个人所得税

个人所得税包含一项财产转让所得，以转让财产的收入减去财产原值，以及合理费用，如税金、贷款利息、公证费、手续费等后的余额，按照 20% 的税率进行征税。

优惠：无偿赠与配偶、父母、子女、祖父母、外祖父母、孙子女、外孙子女、兄弟姐妹，对受赠人免征个人所得税。继承的免征个人所得税。其他按照偶然所得缴纳 20% 的个人所得税。

关于房屋过户，个人所得税优惠方面目前主要有：（1）无偿赠与配偶、父母、子女、祖父母、外祖父母、孙子女、外孙子女、兄弟姐妹，对受赠人免征个人所得税；（2）赠与承担扶养义务、赡养义务的抚养人、赡养人，对受赠人免征个人所得税；（3）房产所有人死亡，依法取得房屋的法定继承人、遗嘱继承人、受遗赠人，免征个人所得税。其他的赠与按照偶然所得缴纳 20% 的个人所得税。

同时，（1）离婚分割财产是夫妻双方对共同财产的处置，因离婚办理房产过户的，不征收个人所得税；（2）个人转让 5 年以上且是家庭唯一住房所得，免征个人所得税。

4. 印花税

由于印花税金额较少，笔者不再赘述。

综上内容分析，对于房屋过户给下一代而言：（1）只有通过继承的方式过户给法定继承人，也即配偶、子女、父母、兄弟姐妹、祖父母、外祖父母才可以免征契税；如果通过遗嘱继承的方式过户给孙子、外甥或者侄子则需要缴纳契税。（2）继承、赠与均不需要缴纳增值税，而买卖理论上不产生增值额或者转让 2 年以上的普通房产也可以不缴纳增值税。（3）法定继承人或者包括有扶养义务的人，通过赠与、继承可以免征个人所得税；个人转让5年以上家庭唯一住房的同样免征个人所得税。

另外，关于个人转让受赠或者继承的房产，如符合增值税、个人所得税优惠条件，如转让2年以上的普通房产、5年以上家庭唯一住房同样可以享受税收优惠。网上常说的，通过买卖的方式有利于以后房产转让降低成本虽有一定道理，但读者还是应当根据自身情况选择合适的过户方式。

最后，《民法典》新增居住权一章，笔者简单介绍如下：

1. 居住权是指对他人房屋占有、使用的权利。《民法典》第366条规定：居住权人有权按照合同约定，对他人的住宅享有占有、使用的用益物权，以满足生活居住的需要。因此居住权保障的是非所有权人的占有、使用房屋的权利。这样的权利通过租赁房屋也可以实现，但租赁仅仅是出租人与承租人之间的租赁合同关系，属于债权性质，权利的保障并没有物权完善，且租赁合同有20年期限的限制，而居住权是物权，没有期限限制。

2. 居住权是一种物权，与土地承包经营权、建设用地使用权、宅基地使用权共同归属于用益物权。物权是一种具有对世性的支配权，不需要其他人的配合，并且排除其他人的干涉。而租赁是一种债权，仅对承租人和出租人有效，且需要出租人的配合。因此，居住权对于占有、使用具有更强的保护力。

3. 根据《民法典》的规定，设立居住权必须要有书面的居住权合同，居住权一般情况下是无偿设立且不允许对外出租的。另外居住权可以设置固定期限和居住的条件、要求等。最后，居住权仅能够占有、使用，不具有流通性，不能转让和继承。

4. 实践中，在银行贷款尚未偿还完毕的房屋上设立居住权，可能存在相应的阻碍，如是否需要银行同意。笔者认为，银行作为担保物权人，享有的是房屋的交换价值，无权对使用价值进行干涉。当然，如债权得不到清偿，从银行实际处置的角度看，对具有居住权的房屋进行处置具有一定难度。笔者认为，可以将银行为实现抵押权而处置房屋作为居住权消灭的条件。

因此，如果需要把房屋过户给下一代，同时保障自身居住以作养老使用的话，可以将房屋过户给子女并为自己设立居住权。

如何养好一只宠物狗？
——解读《深圳市养犬管理条例》

宠物多以狗狗为主，目前对于其他宠物如猫、鹦鹉、仓鼠、乌龟、兔子等并无专门的法律规定。关于饲养宠物狗各个地方也有相应规定，如《贵州省城市养犬管理规定》《北京市养犬管理规定》《许昌市养犬管理暂行规定》等，具有明显的地方性。深圳市人民代表大会常务委员会同样制定了《深圳市养犬管理条例》（以下简称《条例》）。本文笔者简单解读《条例》并结合《民法典》等相关法律阐述如何合法饲养宠物狗，以及不规范的饲养行为可能带来的法律风险。

一、饲养宠物狗实行登记制度

根据《条例》第8条规定，养犬人应当到住所所在地的区主管部门申请养犬登记。根据《条例》第4条规定，市、区城管和综合执法部门为主管部门。因此狗主人应当到区城管部门进行登记。

如未登记，根据《条例》第33条规定，区主管部门将责令限期办理登记并处每只500元罚款；如逾期仍未登记，区主管部门将处每只 2000 元罚款并可没收狗狗。

同时，根据《条例》第 13 至 15 条规定：如登记信息发生变更或将狗狗赠与、出售给他人或养犬登记证遗失，应当在 30 日内及时办理变更、过户登记或补办养犬登记证。

二、禁止在住宅区、商业区、工业区等区域饲养烈性犬

根据《条例》第 9 条规定，烈性犬的品种由市场监督管理部门确定。根据《深圳市市场监督管理局关于公布烈性犬名单的通告》（深市监规〔2019〕13 号），烈性犬主要包括（1）西藏獒犬（Tibetan Mastiff）；（2）比特斗牛梗犬（Pit Bull Terrier）；（3）阿根廷杜高犬（Dogo Argentino）；（4）巴西非拉犬（Fila Braziliero）；（5）日本土佐犬（Japanese Tosa）；（6）中亚牧羊犬（Central Asian Shepherd Dog）；（7）川东犬（重庆犬）（Chinese Chongqing Dog）；（8）苏俄牧羊犬（Borzoi）；（9）牛头梗犬（Bull Terrier）；（10）英国马士提夫犬（British Mastiff）；（11）意大利卡斯罗犬（Cane Corso）；（12）大丹犬（Great Dane）；（13）俄罗斯高加索犬（Caucasian Owtcharka）；（14）意大利扭玻利顿犬（Neopolitan Mastiff）；（15）斯塔福梗犬（Staffordshire Terrier）；（16）阿富汗猎犬（Afghan Hound）；（17）波音达犬（Pointer）；（18）威玛猎犬（Weimaraner）；（19）雪达犬（Setter）；（20）寻血猎犬（Blood Hound）；（21）巴仙吉犬（Basenji）；（22）秋田犬（Akita）；（23）纽芬兰犬（Newfoundland）；（24）贝林登梗犬（Bedlington Terrier）；（25）凯丽蓝梗犬（Kerry Blue Terrier）。

如饲养烈性犬，根据《条例》第 34 条规定，由区主管部门处

以 5000 元罚款，并没收犬只。

同时，《民法典》第 1245 条规定：饲养的动物造成他人损害的，动物饲养人或者管理人应当承担侵权责任；但是，能够证明损害是因被侵权人故意或者重大过失造成的，可以不承担或者减轻责任。《民法典》第 1246 条规定：违反管理规定，未对动物采取安全措施造成他人损害的，动物饲养人或者管理人应当承担侵权责任；但是，能够证明损害是因被侵权人故意造成的，可以减轻责任。原《侵权责任法》第 80 条和现《民法典》第 1247 条均规定：禁止饲养的烈性犬等危险动物造成他人损害的，动物饲养人或者管理人应当承担侵权责任。

我们可以看到，对于普通宠物狗，如采取了安全措施造成他人损害，可以通过证明被侵权人故意或者有重大过失以减轻责任或不承担责任；对于普通宠物狗，如没有采取安全措施如牵绳，只能通过证明被侵权人故意才可以减轻养犬人责任；但是烈性犬致人损害，狗主人一律承担责任，即无过错责任，而不论受害人是否有过失或者过错。

【案例】（2012）深南法民一初字第 498 号案

原告在某公园山顶锻炼身体，在往梅林方向登山道旁被告机房处遭狼犬咬伤，被告积极配合治疗并支付医药费。后原告起诉要求支付误工费和精神损失费，被告抗辩其挂有"内有狼狗守卫不得入内"和"机房重地游客止步"的警示牌，原告本身存在过错。最终法院判决，被告支付原告精神损失费 12000 元。

三、饲养宠物狗实行免费强制免疫制度

根据《条例》第 18 条规定，狗主人应当到防疫机构为狗狗注射狂犬病疫苗，取得犬只免疫证明。

根据《条例》第 36 条规定，如果未将狗狗送动物防疫机构注射狂犬病疫苗，取得犬只免疫证明的，区主管部门责令限期改正并处以 500 元罚款，逾期仍不注射狂犬病疫苗的，可以没收犬只。

四、户外活动应当注意的问题

宠物狗的户外管理是《条例》的规制重点，如遛狗要牵绳、拉屎要清理等，生活中常常因此发生纠纷，我们关注如下几个问题。

（一）未成年人可以外出遛狗吗？

《条例》第 23 条规定：犬只进行户外活动时，应当由成年人牵领，为犬只携带号牌、束犬链。携犬人应当携带养犬登记证，并遵守下列规定……

因此，如果未成年人想要遛狗，可以选择由成年家人陪同，并且至少由成年家人牵绳。

如出门遛狗导致他人受损，具体的责任承担可以参考《民法典》第 1245 条、1246 条的规定。

（二）带狗狗打出租拒载合法吗？

通常情况下，公共服务的提供者具有强制缔约的义务，如《民法典》第 648 条第 2 款规定：向社会公众供电的供电人，不得拒绝用电人合理的订立合同要求。《医师法》第 27 条第 1 款规定：

对需要紧急救治的患者，医师应当采取紧急措施进行诊治，不得拒绝急救处置。

关于出租车不得拒载的规定主要体现在《出租汽车驾驶员从业资格管理规定》第40条第1款：出租汽车驾驶员在运营过程中，应当遵守国家对驾驶员在法律法规、职业道德、服务规范、安全运营等方面的资格规定，文明行车、优质服务。出租汽车驾驶员不得有下列行为：（1）途中甩客或者故意绕道行驶；（2）不按照规定使用出租汽车相关设备；（3）不按照规定使用文明用语，车容车貌不符合要求；（4）未经乘客同意搭载其他乘客；（5）不按照规定出具相应车费票据；（6）网络预约出租汽车驾驶员违反规定巡游揽客、站点候客；（7）巡游出租汽车驾驶员拒载，或者未经约车人或乘客同意、网络预约出租汽车驾驶员无正当理由未按承诺到达约定地点提供预约服务；（8）巡游出租汽车驾驶员不按照规定使用计程计价设备、违规收费或者网络预约出租汽车驾驶员违规收费；（9）对举报、投诉其服务质量或者对其服务作出不满意评价的乘客实施报复。上述规定并无不得拒载携带宠物乘客的禁止性规定。

《条例》第23条规定：犬只进行户外活动时，应当由成年人牵领，为犬只携带号牌、束犬链。携犬人应当携带养犬登记证，并遵守下列规定：（1）避让老年人、残疾人、孕妇和儿童；（2）犬只在户外排泄的粪便，携犬人应当立即清除；（3）携带犬只乘坐出租小汽车的，应当征得驾驶员同意；（4）携带犬只乘坐电梯的，应当采取有效措施防止犬只伤人。

《条例》明确规定，携带宠物狗搭乘出租车的须经驾驶员同意。因此对于带狗上车的乘客，司机是有权拒载的。

（三）带狗狗去餐厅吃饭，餐厅不接待合法吗？

《条例》第 25 条第 1 款规定：餐厅、商店、市场等经营单位可以限制犬只进入其经营场所。因此餐厅不接待带狗的食客是没有任何问题的。

我们延伸一下，即便没有带狗狗去，餐厅不接待合法吗？或者换一种问法，就是餐厅有强制缔约义务吗？再换一种问法，我们去餐厅吃饭，餐厅有义务一定要接待我们吗？

《民法典》第 5 条规定：民事主体从事民事活动，应当遵循自愿原则，按照自己的意思设立、变更、终止民事法律关系。

餐厅作为服务的提供者，食客作为需求者，双方本质上系平等民事主体之间的合同关系，基于合同自由原则，无论是餐厅还是食客都有权选择是否与他人缔约、与何人缔约。因此无论是否带狗狗，餐厅都可以不接待，就像食客可以选择不去某家店里吃饭一样，双方都是自由的。

（四）除导盲犬、扶助犬外，狗狗不可以去哪里？

《条例》第 24 条规定：禁止携带犬只进入下列场所，但盲人携带导盲犬和肢体重残人携带扶助犬的除外：（1）除出租小汽车以外的其他公共交通工具；（2）党政机关、医院、学校、幼儿园及其他少年儿童活动场所；（3）影剧院、博物馆、展览馆、歌舞厅、体育馆、游乐场等公众文化娱乐场所；（4）公园、社区公共健身场所、候车厅、候机室等公共场所；（5）区主管部门根据需要划定的其他公共场所。

上述公共场所应当以适当的方式显著标明禁止犬只进入，管理机构和工作人员有责任禁止犬只进入其管理的公共场所。

作为狗主人应当自觉遵守上述规定，如发现违反上述规定的情形，可以向场所管理人员反馈。

（五）邻居狗狗乱叫影响休息怎么办?

《条例》第 27 条规定：犬吠影响他人正常工作和休息的，养犬人应当采取有效措施予以制止。区主管部门应当建立养犬违法记录档案，养犬人被多次举报或者处罚，以及所养犬只伤人的，应当对其养犬活动进行重点监管。

《条例》第 41 条规定：违反本条例第 27 条规定，未采取有效措施制止犬吠，被投诉三次以上的，由区主管部门责令改正，并处 500 元罚款；情节严重的，区主管部门可以暂扣其犬只 10 日以下。

另外，笔者想说，上述规定不是没牙齿的老虎。

2020 年 4 月 1 日，深圳市城市管理和综合执法局开展"睦犬九号"统一执法日行动，市、区城管部门在全市范围内组织开展执法行动。"睦犬九号"统一执法日行动当日，全市共依法收治流浪犬 213 只，查处遛狗不牵绳、犬只随地便溺等不文明养犬行为 196 宗，查处无证犬只 30 宗，立案处罚 18 宗，罚款 6500 元。[①]

因此，作为狗主人应当注意上述问题，合法文明安全养犬，既不给他人造成困扰和可能的危险，也不为自己带来潜在的法律风险。

---

① 深圳市城市管理和综合执法局：http://cgj.sz.gov.cn/xsmh/cgzf/jczdyq/content/post_7156501.html.

【案例】（2015）深龙法布民初字第 184 号案

深圳市龙岗区某小区业主出去买菜时，被小区门口的小狗扑咬摔伤致 8 级伤残，最终饲养人赔偿人民币 323616.88 元。如伤残程度更严重则赔偿也会增加，赔偿高达百万也不是没有可能。

最后，《条例》第 5 条规定：社区居民委员会、住宅区业主委员会可以召集居民会议、业主大会就养犬的有关事项依法制订公约，并监督实施。第 25 条第 2 款规定：社区居民委员会、住宅区业主委员会可以根据相关公约划定本居住地区内禁止遛犬的区域。因此，除了遵守《民法典》《深圳市养犬管理条例》等相关规定，如小区管理规约有相关规定的也应遵守。同时，如小区业主认为现行规定不足以维护小区安宁生活秩序，也可以向小区业委会提议召开业主大会，制定相关小区公约。

后 记

　　笔者作为律师，本书的出版动机是为总结相关经验，提升自身写作水平和名气，从而拓展业务。

　　笔者对商品房和物业法律业务较为关注和熟悉，因此最初的想法是写一本具有普遍适用性的普法书，更多的是结合《民法典》《物业管理条例》等全国通用的法律法规，但写了两篇文章就发现很多地方性规定不仅存在差异，甚至有存在冲突的地方。而作为普法类的书籍，笔者很难将全国各地的规定全部罗列以满足全国业主的需求，同时对于某一个地区的读者来讲，其他地方的规定对其也不具有实用性，从某种角度讲也是一种浪费。但是，如果仅仅结合全国通用法律规定，不涉及地方特殊规定又将使本书流于表面而不具有实用性，因此笔者将本书定位于笔者执业所在地——深圳。

　　关于本书的创作思路方面，笔者基本遵循普法类书籍常见的一问一答式，但作为一名普通的深圳律师，限于水平和精力，笔者很难写一本动辄有成百上千的法律知识点和案例的普法书，且笔者认为这样的体例对于知识的传播是不成体系甚至散乱的，读者也很难真正掌握。毕竟，我国作为成文法国家，其法律逻辑基础在于演绎推理。我们是依据"借款人应当按照约定的期限返还借款"这样的法律规定去判决债务人应当还钱的，而不是从无数个"债务人按期还款"的例子中归纳出"借款人应当按照约定的期限返还借款"的规定的。因此，我们只需要理解该条规定，而无须学习大量按期还款的案例。因此，本书更倾向于法律解读、理论解释，案例仅作为辅助。

最后，笔者想说，人生如戏，而法律规定就是游戏规则，只有掌握了游戏规则才可以顺利通关，而律师就是写游戏攻略的，解决争议是律师工作的一部分，但预防争议也是律师价值的体现。犹如扁鹊三兄弟，扁鹊大哥治病于病情发作之前，一般人不知道他事先能铲除病因，所以他的名气无法传出去；扁鹊二哥治病于病情初起时，一般人以为他只能治轻微的小病，所以他的名气只及本乡里；而扁鹊是治病于病情严重之时，一般人看到他下针放血、用药敷药，都以为扁鹊医术高明，因此名气响遍全国。但扁鹊却说："长兄最好，中兄次之，我最差。"能够帮助客户解决争议的律师是好律师，而能够帮助客户预防风险的律师同样也是好律师。